Pierre Mouzet

L'essentiel des Finances locales

2014-2015

9e édition

Gualino
lextenso éditions

LES CARRÉS

Cette collection de livres présente de manière **synthétique, rigoureuse** et **pratique** l'ensemble des connaissances que l'étudiant doit posséder sur le sujet traité. Elle couvre :

- **le Droit et la Science Politique ;**
- **les Sciences économiques ;**
- **les Sciences de gestion ;**
- **les concours de la Fonction publique.**

70, rue du Gouverneur Général Éboué
92131 Issy-les-Moulineaux cedex
ISBN 978 - 2 - 297 - 04024 - 2
ISSN 1288-8206

Présentation

La discipline enseignée sous l'appellation de Finances locales a acquis en quelques années une autonomie considérable dans la sphère du Droit public et s'est très sensiblement enrichie depuis la loi fondatrice du 2 mars 1982 relative aux droits et libertés des communes, départements et régions.

S'il s'adresse prioritairement à un public universitaire, ce « Droit des Finances locales » peut aussi permettre à tous les citoyens de mieux situer l'actualité et ses importantes réformes financières et territoriales, réalisées, annoncées, projetées (ainsi lors du Conseil des ministres du 18 juin 2014).

Correspondant au cours dispensé en Master de Droit mais également destiné à la Licence et à d'autres filières, spécialement l'AES, l'ouvrage s'adresse de même aux candidats aux divers concours administratifs.

SOMMAIRE

1
Les ressources fiscales

2
Les ressources non fiscales

3
Les particularités budgétaires

4

Les contrôles particuliers

Finances locales et libre administration

INTRODUCTION

Le régime des finances des collectivités locales françaises est indissociable des principes d'unité et d'indivisibilité de la République. Si les collectivités territoriales jouissent du principe constitutionnel de la libre administration par des conseils élus, consacré par les articles 34, 72 et, plus récemment, 72-2 de la Constitution, ces derniers réservent à la loi le soin de le mettre en œuvre et, partant, de le limiter éventuellement.

1 L'autonomie financière des collectivités

■ *Des garanties*

a) Le niveau des ressources

Avec près de 30 milliards d'euros pour les régions, environ 70 pour les départements, plus de 90 pour les communes, les budgets des collectivités territoriales et de leurs groupements dépassent au total les 220 milliards d'euros annuels, soit nettement plus de la moitié du budget de l'État. Celui-ci assume près de 75 milliards d'euros de concours financiers aux collectivités locales, dont 55 prélevés sur ses propres recettes, malgré une baisse entamée. Et la fiscalité transférée pour financer les compétences décentralisées représente en tout près de 30 milliards. Mais, tandis que le contribuable procure à l'État les neuf dixièmes de ses ressources, l'impôt n'alimente qu'un peu plus de la moitié des budgets locaux, avec des différences très sensibles selon les catégories de collectivités.

La détermination du régime de leurs recettes relève essentiellement du législateur, le plus souvent de la loi de finances. Protégeant un « niveau suffisant de ressources » dès le début des années quatre-vingt-dix, le Conseil constitutionnel a décidé (sans cependant jamais censurer) que la loi ne saurait avoir pour effet de diminuer les ***ressources globales*** des collectivités ou d'y réduire la part des ***recettes fiscales*** au point d'entraver leur libre administration. Il a ainsi consacré, bien avant la révision constitutionnelle du 28 mars 2003, l'existence de la fiscalité locale. Mais la ***prépondérance*** de l'impôt n'est pas garantie.

Prévue par l'article 72-2, la loi organique du 29 juillet 2004 dispose que la part des ressources « propres » (fiscalité et autres revenus et produits) des collectivités – c'est-à-dire hors emprunts et concours extérieurs – ne peut être inférieure au « niveau constaté » en 2003 : soit 60,8 % pour les communes et groupements, 58,6 % pour les départements et 41,7 % pour les régions. Cette part a crû depuis ; même au niveau régional, elle est aujourd'hui majoritaire.

b) La liberté de gestion

Certes, la loi encadre les décisions financières des collectivités de la République, régies notamment par les dispositions rassemblées, depuis 1996, dans le Code général des collectivités territoriales ; et la nomenclature budgétaire, par exemple, relève bien des lois et règlements en vigueur : ainsi l'instruction M 14 pour les communes ou, depuis 2004, la M 52 pour les départements et, depuis l'ordonnance du 17 novembre 2009, la M 71 pour les régions. Mais la Constitution, aujourd'hui, protège la liberté de gestion, sous l'angle financier, des collectivités locales, liberté qu'a symbolisée la suppression de la tutelle par la ***loi du 2 mars 1982***. Vis-à-vis de l'État, l'article 72-2 réserve à la loi seule le pouvoir de décider des transferts de charges, qui seront compensés financièrement, comme les créations de compétences, la compensation des transferts étant obligatoirement intégrale et concomitante. Vis-à-vis des autres collectivités, le Code rappelle l'interdiction (expressément prévue par le nouvel alinéa 5 de l'article 72) de toute tutelle entre elles, sous quelque forme que ce soit et singulièrement par le biais des aides financières. Vis-à-vis du monde économique, enfin, la loi préserve le principe du libre choix des modes de gestion des services publics locaux, sous réserve de prescriptions particulières.

■ *Des limites*

a) Le principe de la légalité fiscale

C'est au Parlement seul que l'article 34 de la Constitution réserve la détermination des règles relatives à l'assiette, aux taux et aux modalités de recouvrement des impositions de toute nature, ce qui inclut la fiscalité locale. Le principe de légalité fiscale signifie ainsi que les assemblées délibérantes des collectivités (et *a fortiori* les exécutifs) n'ont aucunement le pouvoir de ***créer*** un impôt sans habilitation du législateur. Cette règle traditionnelle ne leur permet que d'instituer des redevances pour service rendu, recettes marchandes de nature non fiscale. La compétence de principe des représentants de la Nation, surveillée par le Conseil constitutionnel, n'a cependant pas empêché la ***loi du 10 janvier 1980***, validée par l'article 72-2 nouveau, de confier aux assemblées locales le pouvoir – de moins en moins encadré – de voter les taux des grands impôts directs locaux : impôts de répartition, les taxes foncières, la taxe d'habitation et la taxe professionnelle sont alors devenues des impôts de quotité.

b) Le principe d'unité de trésorerie

L'article 26 de la loi organique du 1er août 2001 relative aux lois de finances (LOLF) rappelle l'obligation faite aux collectivités territoriales et à leurs établissements publics de déposer au Trésor tous leurs ***fonds disponibles***. La jurisprudence administrative a précisé qu'il s'agissait des fonds excédant leurs besoins immédiats (et non leurs besoins potentiels).

D'autant plus fréquemment contestée que ce dépôt n'est plus rémunéré depuis longtemps – cette « gratuité » implique même l'interdiction de tout découvert sur le compte, géré par le seul comptable public – l'obligation a été levée et ouverte à l'Espace économique européen par la loi de finances pour 2004 pour les fonds qui proviennent de libéralités, de l'aliénation d'un élément du patrimoine, d'emprunts que la collectivité ne peut encore employer ou, enfin, de « recettes exceptionnelles » fixées par décret (indemnités d'assurance, contractuelles, contentieuses ou produits d'une vente de biens du domaine après une catastrophe).

2 Le contrôle financier des collectivités

La chambre régionale des comptes

a) L'organisation des juridictions financières

C'est la loi du 2 mars 1982, mise en œuvre en 1983, qui a institué des juridictions locales, aujourd'hui essentiellement régies par les dispositions du Code des juridictions financières. Les chambres régionales ou « territoriales » (dans les pays et collectivités d'outre-mer) des comptes, créées dans « chaque région », étaient en pratique au nombre de vingt-six, les mêmes magistrats en composant plusieurs pour les outre-mer. Chacune comprenait au moins un président, issu de la Cour des comptes, et deux assesseurs, le nombre variant localement dans une proportion d'un à douze.

Issue d'un vaste projet déposé au Parlement en octobre 2009, la loi du 13 décembre 2011 a plafonné le nombre de chambres régionales à vingt, puis le décret du 23 février 2012 a fixé quinze sièges en métropole, si bien que le ressort de sept chambres regroupe deux régions, et un siège dans chacun des cinq DOM. La plupart comportent plusieurs sections.

Le statut des magistrats, réformé par la loi du 21 décembre 2001, est largement comparable à celui des magistrats des juridictions administratives de droit commun et comprend trois grades (président de section, premier conseiller et conseiller). Inamovibles, sauf dans les fonctions de ministère public, et astreints à la prestation de serment, les juges financiers sont soumis à diverses incompatibilités, renforcées par la loi du 12 mars 2012. Le pouvoir disciplinaire et l'avancement incombent au Conseil supérieur des chambres régionales des comptes.

b) Les attributions des juridictions financières

Comme la Cour des comptes, les chambres ont des attributions tantôt juridictionnelles, tantôt administratives.

Leurs ***compétences juridictionnelles*** comprennent, d'une part, le jugement en premier ressort des comptes des comptables publics des collectivités et établissements (comptables réguliers, dits « patents », mais aussi comptables de fait) et, d'autre part, le contrôle de l'apurement administratif des comptes des petites et moyennes communes (et de leurs établissements publics).

Leurs ***compétences non juridictionnelles*** sont de portée très différente. La première est le contrôle des actes budgétaires et de l'exécution des budgets des collectivités territoriales et de leurs établissements publics. Ce ***contrôle budgétaire*** – sans équivalent direct au niveau de l'État – comprend quatre grands cas d'ouverture, la saisine étant réservée au préfet en cas d'absence de vote du budget dans les délais légaux, de déséquilibre budgétaire prévisionnel ou d'important déficit d'exécution, mais ouverte au comptable et aux « personnes intéressées » faute de budgétisation d'une dépense obligatoire. La seconde mission administrative tient à ***l'examen de la gestion*** non seulement des collectivités territoriales ou de leurs groupements mais également de leurs satellites, ces organismes souvent de droit privé (comme les nouvelles « sociétés publiques locales ») sur lesquels ils ont un pouvoir prépondérant de décision ou auxquels ils apportent un concours financier.

■ *Le tribunal administratif*

a) Le principe de légalité

Le pouvoir budgétaire comme le pouvoir dépensier des collectivités locales sont évidemment soumis au principe de légalité, la qualité de contribuable local suffisant normalement à caractériser l'intérêt à agir nécessaire pour saisir le tribunal administratif. On distingue plusieurs cas de dépenses illégales : celles dont le montant excède un plafond légal, s'agissant notamment de la rémunération des agents locaux ; celles dont l'objet sort du cadre légal, par exemple en matière d'interventionnisme économique ; celles, enfin, dont le principe même est inaccessible aux collectivités, pour lesquelles il est d'usage de parler de dépenses interdites. En revanche, il est de jurisprudence constante que le juge administratif, dans le cadre du contrôle de légalité, s'interdit d'apprécier l'opportunité des dépenses – qui ne relève que du contrôle politique des électeurs – figurant dans un budget local. Quant au contentieux des dépenses obligatoires, il échoit en premier lieu aux juridictions financières.

b) Le déféré préfectoral

Les actes budgétaires locaux, comme les actes à incidence financière, sont soumis à l'obligation de transmission sous quinzaine aux services préfectoraux avant, en principe, de devenir exécutoires. En outre, un certain nombre de contrôles spécifiques sont prévus par la loi à l'endroit des sociétés d'économie mixte (SEM) locales, leurs principaux actes étant de même soumis à l'obligation de transmission. Toutefois, le déféré préfectoral est relativement rare, non seulement parce que les préfets tendent à lui préférer la médiation comme dans le cadre général du contrôle de légalité – sachant au surplus que les préfectures ont perdu plus du tiers de leurs effectifs entre 2008 et 2012 et que des priorités nationales ont été définies, comme le suivi des emprunts locaux – mais encore en raison de l'existence même des attributions des chambres régionales des comptes : sur le petit millier de déférés préfectoraux annuels (pour un million d'actes contrôlés), un quart environ concerne les actes financiers locaux, quand le contrôle budgétaire suscite six à sept cents saisines des chambres (pour un demi-million d'actes transmis, dont environ cent trente mille budgets primitifs). L'intervention du représentant de l'État est ainsi essentiellement informelle. C'est d'ailleurs une mission de contrôle du même type que peuvent assumer, dans le cadre de leurs compétences propres, les comptables publics, notamment supérieurs. Une instruction ministérielle du 6 août 2010 rappelle ainsi le devoir d'alerte du comptable sur les dérives de gestion des organismes publics mais aussi sur les infractions, y compris pénales, à signaler aux autorités compétentes.

FOCUS : les ressources « propres » des collectivités « territoriales »

Contrairement au langage courant, les collectivités « locales », depuis la révision constitutionnelle de 2003, ne sont pas synonymes de collectivités « territoriales » (communes, départements, régions et collectivités « à statut particulier » : Paris, Corse, outre-mer...). Seules ces dernières (par exemple, la Métropole de Lyon et pas celles de droit commun) et non pas la totalité des groupements jouiront notamment de « l'autonomie financière ». Au sein de celle-ci, les ressources « propres » sont au contraire juridiquement plus larges, que dans le langage courant : ainsi, des impositions sur lesquelles les assemblées délibérantes n'ont pourtant aucune marge d'appréciation et dont le produit n'est déterminé que par le législateur, c'est-à-dire l'État, seront des recettes fiscales « propres », car la loi organique de 2004 vise – outre les dons et legs, les produits financiers, les participations d'urbanisme, les produits du domaine et les redevances pour services rendus – le « *produit des impositions de toutes natures dont la loi les autorise à fixer l'assiette, le taux ou le tarif, ou dont elle détermine, par collectivité, le taux ou une part locale d'assiette* » (art. LO 1114-2, CGCT) : dans le discours politique, les « vraies » ressources propres sont celles dont les élus locaux maîtrisent au moins en partie les variations.

PARTIE 1

Les ressources fiscales

Les impôts directs locaux

Chapitre 1

Le produit voté des « quatre vieilles » – taxe professionnelle (remplacée en 2010-2011) pour les entreprises, taxe d'habitation et taxes foncières pour les ménages, soit la quasi-totalité des impôts directs locaux – dépasse les 70 milliards d'euros par an pour l'ensemble des collectivités locales. L'ensemble a atteint 75 Md€ en 2013. En 2009, les seules communes avaient perçu 28 milliards et, avec leurs groupements, plus de 60 % du total : en 2014, 32,5 Md€ et les deux tiers, soit 50 Md€ pour le secteur communal.

1 Les impôts directs profitaient auparavant à toutes les catégories de collectivités

■ L'absence de spécialisation de la fiscalité

a) Une logique traditionnellement ignorée

La spécialisation fiscale consiste en l'affectation d'un impôt local à un seul niveau ou une seule catégorie de collectivités locales. Les quatre grands impôts directs – qui servaient tous à chaque niveau, bien que dans des proportions variables – échappaient traditionnellement à cette logique.

Les « quatre vieilles » étaient en effet, à l'origine, des impôts d'État, la Révolution engendrant à son profit la contribution foncière et la contribution mobilière puis la patente. À partir de la réforme Caillaux de 1917, l'État les abandonna aux communes et départements, quoique l'on continuât de calculer un « principal fictif » sur lequel les collectivités obtenaient des « centimes additionnels ». La décentralisation fiscale, qui n'aboutit au vote des taux qu'en 1980, intervint seulement dans les années 1973 à 1975, lors de la mise en œuvre législative des principes posés par une ordonnance du 7 janvier 1959. Mais l'on n'a toujours raisonné qu'en considérant globalement les collectivités et la régionalisation lancée en 1982 ne se traduisit que par l'adjonction d'un niveau de collectivités supplémentaire prélevant sa part sur la même assiette fiscale.

b) Des évolutions récentes sensibles

Le mouvement législatif entamé en 1992 – marqué notamment par la loi du 12 juillet 1999 relative à l'intercommunalité – en faveur du développement de la ***taxe professionnelle unique*** (unique au sein d'une communauté donnée) tend à réaliser une forme de spécialisation en réservant, à terme, à ce seul échelon la perception de l'impôt général sur les entreprises.

En outre, à côté des quatre vieilles, la fiscalité directe comprend un impôt facultatif (qui peut désormais comprendre une « part incitative ») – auquel supplée encore parfois, dans moins d'un tiers des communes (soit un habitant sur dix), une *redevance* pour service rendu – la ***taxe d'enlèvement des ordures ménagères (TEOM)*** (6 Md€ en 2012, 6,3 Md€ en 2013, soit dix fois plus que la *REOM*), recouvrée avec la taxe foncière sur les propriétés bâties et levée dans les deux tiers des communes. Or, une nette majorité de groupements à fiscalité propre compétents pour assurer au moins la collecte des déchets des ménages a déjà opté pour la TEOM (plus de 5 Md€) et leur importance va croissant (30 % de la TEOM en 2001, 70 % dès 2005, plus de 75 % en 2010 et près de 80 % en 2012).

En revanche, la suppression de la part régionale de taxe d'habitation décidée par la loi de finances rectificative du 13 juillet 2000 n'était en rien une mesure de spécialisation fiscale. De même, la nouvelle répartition du produit des impôts directs accompagnant, à partir de 2011, la suppression en 2010 de la taxe professionnelle n'avait pas non plus un tel but. Cependant, réserver la taxe d'habitation et la taxe foncière sur les propriétés non bâties au secteur communal et attribuer aux départements l'ancienne part régionale sur la taxe foncière sur les propriétés bâties a pour effet d'instituer une forme de spécialisation.

■ *La fiscalité directe, instrument de mesure*

a) Le potentiel fiscal

Le caractère traditionnellement commun à l'ensemble des collectivités territoriales des impôts directs locaux (si l'on néglige ici des recettes secondaires, comme l'imposition sur les pylônes) est encore accentué par le fait qu'ils servent d'instruments de mesure de la situation de chacune d'elles, en particulier pour le calcul des dotations étatiques. Le potentiel fiscal d'une collectivité indique sa ***richesse théorique***. Son principe est simple : il est le résultat de la multiplication des bases des quatre taxes directes (taxes foncières, taxe d'habitation et taxe professionnelle ou, désormais, leurs substituts) par le taux moyen national de chacune d'elles. Afin d'obtenir un instrument de comparaison adéquat, le potentiel fiscal est généralement rapporté au nombre d'habitants. Les aides de l'État seront d'autant plus importantes que le potentiel fiscal sera faible.

Cependant, la loi de finances pour 2005 a généralisé un indicateur plus complet, le « *potentiel financier* », lequel prend en compte non seulement le potentiel fiscal (auquel la loi de finances pour 2012 a intégré une partie de la fiscalité indirecte) mais encore la part forfaitaire de la dotation globale de fonctionnement (DGF) perçue de l'État l'année précédente.

b) L'effort fiscal

L'effort fiscal d'une collectivité traduit ses ***choix politiques***. Il est pour les communes le résultat de la division du produit de ses impôts directs sur les ménages par le potentiel fiscal correspondant ; le dividende (ou numérateur) exclut ici la fiscalité professionnelle mais inclut l'ensemble des recettes (taxe ou redevance) tirées du service d'enlèvement des ordures ménagères. Ainsi, plus la pression fiscale sur les ménages décidée par les élus locaux est proche de la moyenne nationale, plus l'effort fiscal de la collectivité est proche de l'unité ; en pratique, certaines présentent un effort fiscal atteignant deux fois l'unité, d'autres n'en dépassant pas la moitié. Divers concours de l'État seront majorés en cas de faible potentiel fiscal mais en présence d'un effort fiscal élevé voire exclus s'il est trop léger.

Les régions ne votant plus aujourd'hui aucun taux d'impôt direct, la loi de finances pour 2012 a supprimé la définition de leur effort fiscal et remplacé, pour elles et la Corse, leur « potentiel fiscal » par un nouvel « *indicateur de ressources fiscales* » prenant en compte les produits fiscaux substitués à leur part de taxe professionnelle et ceux de leurs principales impositions indirectes.

2 Les impôts directs locaux pèsent autant sur les ménages que sur les entreprises

■ *Les impôts sur les ménages*

a) Les taxes foncières

Les taxes foncières sont les héritières de la division, à la fin du XIXe siècle, de l'impôt foncier en deux contributions aux assiettes exclusives l'une de l'autre.

La ***taxe foncière sur les propriétés bâties*** est assise sur toute construction destinée à n'être pas déplacée. Elle est mise à la charge de son propriétaire, la base d'imposition étant réduite à 50 % de la valeur locative du bien en considération de ses frais de gestion. Outre d'importantes exonérations permanentes (notamment les propriétés publiques affectées à un service public et non productives de revenus, les édifices du culte ou les bâtiments agricoles), une série d'exonérations temporaires, souvent laissées à l'appréciation de la collectivité, ainsi que des dégrèvements ou des exonérations spéciales, fonction du revenu, sont possibles. Elle avait rapporté, en 2009, 21,9 milliards d'euros – 31,6 % des quatre taxes – soit 12,7 Md€ pour les communes, 6,7 Md€ pour les départements, 1,8 Md€ pour les régions et 695 M€ pour les groupements. En 2013, la ***TFB*** a atteint 28,5 milliards, 12,2 Md€ allant aux départements, 15,3 Md€ aux communes et 1041 M€ à leurs groupements.

La ***taxe foncière sur les propriétés non bâties*** est essentiellement assise sur les terrains agricoles, bois ou étangs (mais aussi les golfs sans « construction véritable » à partir de 2015), la base d'imposition étant cette fois de 80 % de la valeur locative. Les exonérations permanentes couvrent également les propriétés publiques, les voies de circulation et, logiquement, les terrains passibles de la taxe foncière sur les propriétés bâties. Elle offre plusieurs cas d'exonération temporaire (mais généralement longue) et connaît divers dégrèvements spéciaux. Elle rapporte moins d'un milliard d'euros mais, après avoir globalement diminué en 2006, les terres agricoles (déjà dispensées des parts régionales et départementales) gagnant une exonération de 20 %, a progressé depuis : en 2009, sur 870 M€ – 1,3 % des quatre taxes – 711 étaient allés aux communes, 92 aux groupements, 53 aux départements, 14 aux régions. Maintenant limitée au secteur communal et complétée par une taxe additionnelle sur les terrains non agricoles, le rendement de la ***TFNB*** a été de 1002 M€ en 2013 (dont 804 pour les communes et 192 pour les groupements à fiscalité propre).

Les propriétaires (notamment en Ile-de-France) peuvent être redevables d'une série d'autres impositions, créées ou réformées récemment (taxe de balayage, ouverte aux communautés, taxe sur les friches commerciales, taxe sur des plus-values immobilières). La « taxe pour la gestion des milieux aquatiques et la prévention des inondations », nouvel impôt de répartition direct facultatif créé par la loi du 27 janvier 2014, vise aussi, elle, les assujettis à la taxe d'habitation.

b) La taxe d'habitation

La taxe d'habitation est due par toute personne (physique ou morale) qui a – au 1er janvier, comme les taxes foncières – la disposition ou la jouissance d'une habitation meublée, à quelque titre que ce soit, résidence principale ou non. La valeur locative sur laquelle elle est assise comprend les dépendances du logement, même non contiguës.

Ne sont cependant imposables ni les locaux passibles de l'imposition professionnelle ou les bâtiments agricoles, ni les pensionnats ou cités universitaires ou les bureaux des fonctionnaires. Sont exonérés d'une part les établissements scientifiques, d'enseignement ou d'assistance, d'autre part certains contribuables aux trop faibles ressources. En outre, un système complexe de dégrèvement prend en compte le revenu imposable. Par ailleurs, plusieurs abattements pour charges de famille (l'un obligatoire et deux autres facultatifs) peuvent être majorés par les assemblées locales.

Avec un produit voté total de 16,3 milliards d'euros en 2009 – 23,5 % des quatre taxes – elle dépassait déjà 10 milliards pour les communes (soit 11 Md€ avec leurs groupements) et 5 Md€ pour les départements (les régions ne percevant, jusqu'en 2000, que 800 M€). La ***TH*** atteint désormais les 20 milliards annuels (20,14 Md€ en 2013, dont 13,72 Md€ aux communes et 6,32 Md€ aux EPCI, les établissements publics de coopération intercommunale).

La « taxe annuelle d'habitation des résidences mobiles terrestres » (150 € par habitation principale, 100 pour les caravanes de dix à quinze ans, répartis entre collectivités au prorata de leurs dépenses pour l'accueil des gens du voyage) est, par ailleurs, entrée en application en 2010.

■ *Les impôts sur les entreprises*

a) L'ancienne taxe professionnelle

Une faible proportion des entreprises seulement payait la taxe professionnelle tant la liste est longue des exonérations permanentes toujours prévues par la loi : les personnes publiques pour leurs activités culturelles, éducatives, sanitaires, sociales, sportives ou touristiques, ou encore les exploitants agricoles, pêcheurs et artisans œuvrant seuls, les établissements d'enseignement privé sous contrat, les professions intellectuelles et artistiques, les organismes sociaux, ainsi qu'une série de métiers variés... Et les textes multiplient les exonérations temporaires (parfois décidées par les collectivités locales) notamment pour les entreprises nouvelles ou dans les diverses zones d'exception fiscale.

La loi de finances pour 1999 ayant décidé la suppression sur cinq ans de la partie salariale de l'assiette de la taxe professionnelle (18 % des rémunérations brutes de l'entreprise), les bases d'imposition ne comprenaient plus – sauf pour les titulaires de bénéfices non commerciaux employant moins de cinq salariés, dont 6 % des recettes étaient prises en compte – que la valeur locative des immeubles et terrains et 16 % du prix de revient des équipements. Un dégrèvement pour les investissements nouveaux, lancé en 2005, avait toutefois été généralisé en 2008. Dans le calcul de l'impôt intervenait encore une réduction pour création d'établissement au profit des seules petites entreprises artisanales.

La taxe professionnelle était de loin le plus rentable des impôts locaux. Si son produit n'atteignait plus que ***43,7 %*** des quatre taxes, il dépassait les 25 Md€ annuels depuis 2005 : 30,3 Md€ en 2009, soit 4,3 milliards aux communes, mais 17,4 avec leurs groupements, ainsi que 9,7 aux départements et 3,2 aux régions.

b) La nouvelle contribution économique territoriale

La suppression de la taxe professionnelle (TP) a consisté à faire disparaître l'imposition non pas des propriétés foncières des entreprises mais de leurs autres immobilisations corporelles, spécialement leurs matériels et outillages, au profit d'un impôt sur la ***valeur ajoutée***, c'est-à-dire la production moins les consommations de biens et services. Pour éviter que certaines grandes entreprises (énergie, télécommunications, trains), guère susceptibles d'être délocalisées, n'y gagnent par trop, la loi de finances pour 2010 les a astreintes à un type d'impôt supplémentaire, ***l'imposition forfaitaire sur les entreprises de réseaux*** (IFER).

La nouvelle ***contribution économique territoriale*** (CET) est ainsi composée de la ***cotisation foncière des entreprises*** (CFE) et de la ***cotisation sur la valeur ajoutée des entreprises*** (CVAE). Comme la TP, elle est en principe due « chaque année par les personnes physiques ou morales exerçant à titre habituel une activité professionnelle non salariée ».

La ***CFE*** – qui a rapporté, en 2012, 6,7 milliards d'euros et, en 2013, 6,9 Md€ mais ne bénéficie qu'aux communes (1,35 Md€) et à leurs groupements à fiscalité propre (5,58 Md€) – est assise sur la valeur locative des biens de l'entreprise, avec un abattement de 30 % pour ses immobilisations industrielles. Son régime, qu'il s'agisse d'exonérations ou de taux, est sensiblement celui de la TP.

La ***CVAE***, répartie par la loi entre les trois niveaux de collectivités, ne vise que les entreprises au chiffre d'affaires supérieur à 152 500 €. Son taux, national, a été fixé à 1,5 % de la valeur ajoutée, mais les plus petites entreprises bénéficient d'un dégrèvement, de sorte que le taux réel (nul jusqu'à un chiffre d'affaires de 500 000 €) est progressif. Son produit total a atteint 14,7 Md€ en 2011, 15,2 Md€ en 2012 et 16,3 Md€ en 2013 (4,3 au secteur communal, 7,9 aux départements et 4,1 aux régions).

Le plafonnement de la cotisation d'une entreprise par rapport à sa valeur ajoutée, généralisé à 3,5 % de son chiffre d'affaires depuis 2007 (et financièrement assumé pour une part par les collectivités), a été conservé pour la CET, à 3 % de la valeur ajoutée (le « ticket modérateur », en vigueur en 2013, étant imputé sur la CFE).

Produit global des principaux impôts directs locaux

		2011				2012				2013			
		C	D	R	**T**	C	D	R	**T**	C	D	R	**T**
	TH	18,7	—	—	**18,7**	19,4	—	—	**19,4**	20,1	—	—	**20,1**
	TFNB	0,96	—	—	**0,96**	0,98	—	—	**0,98**	1	—	—	**1**
	TFB	15,1	10,9	—	**26**	15,7	11,6	—	**27,3**	16,3	12,2	—	**28,5**
CET	CFE	6,3	—	—	**6,3**	6,7	—	—	**6,7**	6,9	—	—	**6,9**
	CVAE	3,9	7,2	3,7	**14,7**	4	7,4	3,8	**15,2**	4,3	7,9	4,1	**16,3**
Total		45	18,1	3,7	**66,8**	46,8	19	3,8	**69,6**	48,6	20,1	4,1	**72,8**

C = secteur communal ; D = départements ; R = régions ; T = ensemble des collectivités locales
Les chiffres sont donnés en milliards d'euros.

Les impôts indirects locaux

CHAPITRE
2

Ressource secondaire mais variée pour les communes, avec 10 à 20 % en moyenne de leurs recettes fiscales, la fiscalité indirecte atteignait 45 % pour les départements et 60 % pour les régions avant même la réforme de la taxe professionnelle. Ces deux catégories, dont les principaux impôts sont liés aux marchés de l'automobile et de l'immobilier, ont droit depuis 2004 et 2005 à de nouvelles recettes – comme la taxe additionnelle à la taxe d'apprentissage au profit des régions (750 M€ en 2012), réformée par les lois des 29 décembre 2013 et 5 mars 2014 – pour le financement des transferts de compétences.

1 Les communes peuvent percevoir une douzaine d'impôts indirects divers

■ *La fiscalité de la consommation*

a) Les taxes sur la publicité ou la production

Le Code général des collectivités territoriales autorisait les communes à lever trois taxes facultatives sur la publicité (sur les affiches, réclames et enseignes lumineuses ; sur les véhicules publicitaires, de même montant que l'ancienne vignette automobile, disparue aussi ; sur les emplacements publicitaires fixes, excluant la perception de la première ou de tout droit de voirie ou redevance) : elles ont été fondues fin 2007 dans la nouvelle « taxe locale sur la publicité extérieure », dont l'assiette et les tarifs sont issus de la loi du 4 août 2008 modifiée (et d'un décret du 30 janvier 2012) et qui peut être levée par certains EPCI.

Le même Code fonde la taxe – devenue « redevance » en 2009 – d'usage des abattoirs publics, obligatoire et affectée, elle, ainsi que la taxe sur la consommation finale d'électricité (1,5 Md€), facultative (mais généralisée) jusqu'à la réforme du marché en 2011 et ouverte aux EPCI compétents, les taxes de séjour ou de séjour forfaitaire (200 M€), permises aux communes touristiques (voire aux groupements), ou encore l'éventuelle taxe sur les entreprises exploitant des engins de remontées mécaniques (30 M€). Ces trois dernières impositions offrent par ailleurs aux ***départements*** la possibilité de bénéficier aussi de taxes complémentaires ou additionnelles.

C'est, en revanche, le Code général des impôts qui prévoit le droit pour les communes où sont situées des sources de lever une surtaxe sur les eaux minérales (20 M€).

b) Les impositions sur les loisirs

Plusieurs impositions, souvent peu rentables, ont été supprimées par le législateur voici une douzaine d'années, comme la taxe, facultative, sur les bowlings ou la taxe, obligatoire, sur la validation des permis de chasser. De même, le droit de licence des débits de boissons a été retiré aux communes en 2003.

L'impôt sur les spectacles, jeux et divertissements, certes obligatoire, ne s'applique plus qu'aux réunions sportives ou maisons de jeux d'une part et, d'autre part, aux appareils automatiques ; mais cette taxe « flippers » (9 M€) est devenue un impôt d'État fin 2006 (et n'est plus compensée depuis 2012).

La ressource essentielle, ici, provient du prélèvement sur le produit des jeux dans les casinos, plafonné par le Code général des collectivités territoriales en fonction des recettes, qui peut rapporter une manne considérable aux communes concernées, toutes celles (ou leurs groupements), aujourd'hui, qui font une promotion du tourisme.

■ *La fiscalité de l'urbanisme*

a) L'ancienne « taxe locale d'équipement »

La fiscalité de l'urbanisme, qui alimente obligatoirement la section d'investissement et pèse sur les constructeurs, repose essentiellement sur la taxe locale d'équipement, créée en 1967, plusieurs fois modifiée et maintenant rebaptisée. La taxe locale d'équipement est un impôt communal facultatif mais le Code général des impôts dispose qu'elle est instituée de plein droit (dans les villes d'au moins 10 000 habitants ou, en région parisienne, dans des communes désignées par décret, qui peuvent y renoncer). Due pour toute construction, reconstruction ou agrandissement d'un bâtiment, hormis pour les services publics ou lorsque le constructeur a déjà assumé le coût des équipements publics, la TLE (environ 550 M€) est assise sur la valeur forfaitaire de l'ensemble immobilier et son taux peut varier de 1 à 5 % en fonction de la catégorie de constructions.

Sur cette même assiette, la ***région Ile-de-France*** perçoit une taxe complémentaire de 1 % ; et les ***départements*** bénéficient de deux taxes facultatives – inscrites en section de fonctionnement – l'une affectée aux Conseils d'Architecture, d'Urbanisme et de l'Environnement (70 M€), au taux maximal de 0,3 %, l'autre pour les « espaces naturels sensibles » (250 M€), plafonnée par le Code de l'urbanisme à 2 %.

Ces quatre impositions ont été fondues, à compter de mars 2012, dans la nouvelle ***taxe d'aménagement*** créée par la dernière loi de finances rectificative de 2010. Leur régime est globalement conservé – avec cependant une part départementale plafonnée à 2,5 % et un taux communal pouvant atteindre 20 % (en fonction des réalisations publiques nécessaires) – mais le bénéfice de la taxe d'aménagement est étendu à la totalité des communes ou aux EPCI compétents en matière de plan local d'urbanisme (PLU) ou, depuis 2014, aux autres groupements si le conseil municipal le souhaite.

b) Les autres participations des constructeurs

Le Code de l'urbanisme, notamment, prévoit également diverses participations financières mises à la charge des constructeurs qui n'ont pas, juridiquement, une nature strictement fiscale (comme pour le raccordement à l'égout, devenue « participation pour le financement de l'assainissement collectif » (PAC) le 1er juillet 2012).

Les communes (ou les groupements compétents) pourront recevoir ainsi un « versement pour dépassement du plafond légal de densité », égal à la valeur du terrain qui eut été nécessaire pour respecter ce plafond là où il est maintenu ; ce versement est toutefois supprimé de plein droit en cas d'institution de la « participation pour voirie et réseaux » due lorsque des aménagements sont réalisés pour l'implantation de nouvelles constructions. Fin 2010 a été inventé, au contraire, un « versement pour sous-densité », destiné à les remplacer à partir de mars 2012. Existe de même une « participation pour non-réalisation d'aires de stationnement », forfait dû en cas d'impossibilité technique de satisfaire aux prescriptions des documents d'urbanisme et affecté à la construction de parkings. Par ailleurs, une taxe – qualifiée d'imposition directe, puisque sur une plus-value, par le Tribunal des conflits fin 2013 – sur la vente de terrains devenus constructibles (instituée par environ 6 000 communes en 2012, pour 54 M€) a été créée en 2006, ainsi qu'une taxe pour la collecte des eaux pluviales urbaines... La région Ile-de-France reçoit, elle, une redevance pour la construction, la reconstruction (sauf de 2007 à 2011) ou l'agrandissement (depuis la loi de finances du 29 juillet 2011) de bureaux ou de locaux de recherche, hors services publics administratifs, étendue en 2011 aux locaux commerciaux et aux locaux de stockage (déjà visés par une taxe étatique dont la Région bénéficie d'une fraction).

Enfin, on peut relier aux aménagements urbains le ***versement destiné aux transports en commun*** (plus de 6 Md€) payé par les entreprises de plus de neuf salariés, via l'URSSAF, aux communes et groupements (y compris les syndicats mixtes) compétents de plus de 10 000 habitants.

2 Les départements et les régions ont bénéficié d'importants impôts transférés

■ *La fiscalité de l'automobile*

a) Les impôts régionaux

La fiscalité portant sur l'automobile qui a été transférée au profit des régions, en 1983, constitue une de leurs plus importantes recettes. La taxe sur les certificats d'immatriculation des véhicules, régie par le Code général des impôts, dépasse ainsi 1,5 milliard d'euros annuels (1,6 Md€ en 2005, presque 2 Md€ prévus depuis 2008 : 2,06 Md€ en 2013), malgré les aléas du marché et de fortes disparités entre régions, c'est-à-dire plus du quart de leurs impôts indirects et du dixième de leurs recettes de fonctionnement. Due par le propriétaire (mais non l'État ou les concessionnaires) sauf en cas de changement d'état matrimonial ou de domicile, cette ***taxe sur les cartes grises*** a un taux proportionnel ou fixe, fonction de la puissance ; elle est réduite de moitié au-delà de dix ans et les véhicules non polluants peuvent être exonérés.

Régie par le même Code, la ***taxe sur les permis de conduire***, due également sur les duplicatas (sauf changement d'état matrimonial), est un droit de timbre au taux unique librement fixé par le conseil régional mais, au contraire, en passe de disparaître : seules six régions (dont trois d'outre-mer) n'y ont pas encore renoncé (3 à 5 M€ annuels).

En outre, depuis la loi du 13 août 2004, l'État partage – on parle de « fiscalité fractionnée » – le produit (13,3 Md€ pour 2014) de la ***taxe intérieure sur les produits pétroliers (TIPP)*** avec les régions, à hauteur de 454 M€ en 2005, 1 milliard en 2006, près de 3 Md€ en 2007, plus de 3,5 Md€ en 2008 et environ 4 Md€ depuis 2009 : aujourd'hui « taxe intérieure de consommation sur les produits énergétiques » ***(TICPE)***, elle a ainsi dépassé la moitié de leur fiscalité indirecte. La loi de finances du 29 décembre 2013 leur a attribué une part supplémentaire de TICPE, à hauteur de 300 M€ en 2014, puis en fonction d'un tarif par type de carburant. Chaque conseil régional peut moduler depuis 2007 le taux de sa propre fraction de TIPP/TIPCE (pour moins de 2 centimes par litre) et la quasi-totalité l'a augmenté chaque année.

b) Les impôts départementaux

Les départements (et la Corse) ont longtemps perçu la « taxe différentielle sur les véhicules à moteur » instituée en 1956 et transférée en 1984. La ***vignette automobile***, acquise dans les débits de tabacs ou les recettes des impôts, répondait à un tarif, fonction de l'âge et de la puissance du véhicule, que le conseil général pouvait modifier chaque année. La vignette (encore 250 M€ en 2005) a disparu progressivement : la loi de finances pour 2001 a exonéré personnes physiques, artisans et commerçants exerçant en nom propre, associations et syndicats, exonération étendue un an après à tous les véhicules de moins de 3,5 tonnes, dans la limite de trois par entreprise ; puis la loi de finances pour 2006 a abrogé les dispositions correspondantes du Code général des impôts. La compensation par l'État de la perte de recettes (plus de 2 milliards annuels) est aujourd'hui intégrée dans la dotation globale de fonctionnement (DGF).

Cependant, depuis 2005, les départements reçoivent deux fractions de taux de la ***taxe spéciale sur les conventions d'assurances*** (*automobiles*, jusqu'en 2008) de façon à couvrir les charges transférées par la loi du 13 août 2004 (environ 3 milliards au total) et le financement des services d'incendie et de secours (environ 900 M€ annuels) et la ***TSCA*** dépassait 3 milliards chaque année depuis 2008. Elle leur est maintenant entièrement transférée, à hauteur de 6,5 milliards d'euros, pour compenser la perte de la taxe professionnelle. En outre, les départements ont leur propre quote-part de *TIPP* depuis la réforme du RMI en décembre 2003, jusqu'à 5 puis environ 6 milliards annuels (6,3 Md€ en 2013) avec la généralisation du RSA en 2009. Le produit total de la TSCA et de la TIPP/TICPE représente trois cinquièmes de la fiscalité indirecte départementale.

■ *La fiscalité de l'immobilier*

a) Les impôts transférés

La fiscalité de l'immobilier comprend les impôts perçus à l'occasion des ventes. Les plus importants furent transférés aux départements en 1984 et, pour les immeubles d'habitation, 1985. Leur régime a été modifié par la loi de finances pour 1999. Conformément au Code général des impôts, les départements perçoivent les ***droits d'enregistrement*** et la ***taxe de publicité foncière (TPF)***, exigibles sur les mutations à titre onéreux (DMTO) d'immeubles ou de droits immobiliers, ainsi que la TPF sur les hypothèques et transmissions. Ces impôts obligatoires, dont sont exonérées personnes publiques ou personnes expropriées (les conseils départementaux ayant la possibilité de décider certains abattements ou exonérations particulières), sont proportionnels et leur taux, éventuellement réduit jusqu'à 1 %, était en principe de 3,6 %. Il a été porté à 3,8 %, avec un plancher à 1,2 % (l'État abandonnant sa taxe additionnelle de 0,2 %), à compter de 2011, pour compenser la suppression de la taxe professionnelle. La loi de finances du 29 décembre 2013 leur a même permis de relever le taux jusqu'à 4,5 %, mais uniquement pour les ventes conclues entre février 2014 et mars 2016.

Évidemment fonction du marché, les DMTO (presque 5 milliards en 2005, 7,5 en 2006, 7,2 en 2008), en baisse depuis 2007 (7,8 Md€), ne représentaient déjà plus la moitié des impôts indirects des départements, qui n'avaient voté que 5,3 Md€ en 2010, après une chute de 25 % en 2009. Cependant, les départements ont finalement perçu 7 Md€ en 2010 et les DMTO ont atteint, en 2011 et à nouveau en 2012, 8,6 Md€. Un peu plus de 7 Md€ ont été votés pour 2013.

b) Les taxes additionnelles

Tous les droits de mutation n'ayant pas été transférés, les ***départements*** bénéficient en outre d'une taxe additionnelle aux droits d'enregistrement des mutations à titre onéreux d'offices ministériels, de fonds de commerce ou de droit au bail, au taux de 0,6 % pour les cessions de 23 000 à 107 000 €, ou 1,4 % au-delà.

Sur ces impôts d'État, les ***communes*** perçoivent elles aussi une taxe additionnelle (au taux de 0,4 ou 1 %), de même qu'elles profitent également d'une taxe additionnelle sur les DMTO départementaux (au taux, uniforme ici, de 1,2 %), soit environ 2 milliards d'euros. En revanche, la loi de finances pour 1999 a supprimé la taxe que toutes les régions avaient décidé de lever (au taux plafond de 1,6 %), l'État compensant la quasi-totalité de leurs pertes de recettes, compensation aujourd'hui intégrée dans la DGF.

Le Fonds national de péréquation des DMTO départementaux institué par la loi de finances du 30 décembre 2009 ne concerne pas ces taxes additionnelles. À l'inverse, le « fonds de solidarité en faveur des départements », créé pour la seule année 2014, est alimenté par un prélèvement égal à 0,35 % de l'assiette de la taxe de publicité foncière et des droits d'enregistrement perçus par eux en 2013 mais aussi de la taxe additionnelle départementale, l'ensemble (avec le FNPDMTO) étant plafonné pour chaque département à 12 % du produit des DMTO de l'année précédente.

Panorama des impositions exclusivement locales

Obligatoires	Facultatives
Impositions directes	
Taxe foncière sur les propriétés bâties	Taxe d'enlèvement des ordures ménagères (art. 1520 & s. CGI)
Taxe foncière sur les propriétés non bâties	Taxe de balayage (art. 1528 CGI)
Taxe additionnelle à la TFNB	Taxe de trottoirs (art. L 2333-58 & s. CGCT)

Taxe d'habitation	Taxe sur la cession de terrains devenus constructibles (art. 1529 CGI)
Taxe sur les surfaces commerciales (TASCOM)	Taxe sur les friches commerciales (art. 1530 CGI)
Cotisation foncière des entreprises	Taxe pour la gestion des milieux aquatiques et la prévention des inondations (art. 1530 bis CGI)
Cotisation sur la valeur ajoutée des entreprises	Taxe sur les activités commerciales non salariées à durée saisonnière (art. L 2333-88 & s. CGCT)
Impositions forfaitaires sur les entreprises de réseaux (art. 1519 D à 1519 HA CGI)	Taxe sur les déchets réceptionnés dans une installation de stockage (art. L 2333-92 & s. CGCT)
Redevance communale des mines (art. 1519 CGI)	Taxe pour la gestion des eaux pluviales urbaines (art. L 2333-97 & s. CGCT)
Imposition forfaitaire sur les pylônes (art. 1519 A CGI)	
Taxe sur les éoliennes maritimes (art. 1519 B & s. CGI)	
Taxe sur la cession à titre onéreux de terrains nus rendus constructibles (art. 1605 nonies CGI)	
Impositions indirectes	
Taxe d'aménagement (art. L 331-1 CUrb.)	Taxe communale sur la consommation finale d'électricité (art. L 2333-2 & s. CGCT)
Taxe spéciale sur les conventions d'assurance	Taxe locale sur la publicité extérieure (art. L 2333-6 & s. CGCT)
Droit d'enregistrement et taxe de publicité foncière	Taxe de séjour et taxe de séjour forfaitaire (art. L 2333-26 & s. CGCT)
Taxes additionnelles à certains droits d'enregistrements	Taxe communale sur les entreprises exploitant des engins de remontées mécaniques (art. L 2333-49 & s. CGCT)
Taxe d'apprentissage	Taxe communale sur la consommation finale d'électricité (art. L 2333-2 & s. CGCT)
Taxe sur les certificats d'immatriculation des véhicules	Surtaxe sur les eaux minérales (art. 1582 CGI)
Taxe sur les permis de conduire (*le conseil régional peut voter un taux nul)*	
Impôt sur les spectacles, jeux et divertissements (art. 1559 & s. CGI)	Prélèvements sur le produit des jeux dans les casinos (art. L 2333-54 & s. CGCT)
Versement destiné aux transports (art. L 2333-64 & s. CGCT)	

La réforme de l'impôt

CHAPITRE
3

Depuis bientôt quarante ans, les impôts locaux n'ont encore connu aucun changement d'envergure. La réforme ne vise pas tant aujourd'hui à simplifier qu'à alléger : en témoignait, déjà, la suppression de la vignette automobile, même si la fiscalité indirecte est bien moins contestée que ne le sont la taxe d'habitation, impôt devenu dégressif, ou, surtout, la taxe professionnelle, considérée comme antiéconomique, enfin remplacée en 2010 et 2011.

1 La réforme de la taxe d'habitation a été sans cesse reportée

■ *La révision abandonnée de 1990*

a) L'évaluation cadastrale

Les « quatre vieilles » sont assises sur une base spécifique, distincte de la valeur vénale des terrains et immeubles, la « valeur locative cadastrale », fiction fiscale représentant le loyer théorique tiré du bien en cause loué dans les conditions normales du marché. L'évaluation des propriétés a été réalisée au cours des années soixante et achevée pour les immeubles en 1970. La loi du 18 juillet 1974 avait prévu sa mise à jour future, grâce à un mécanisme de constatation annuelle des changements, d'actualisation triennale et de révision générale tous les six ans. Or, depuis 1980, la valeur locative n'évolue en fait qu'au gré d'une simple majoration annuelle par des coefficients forfaitaires fixés par la loi de finances. Elle ignore ainsi l'état réel des logements (sauf en cas de travaux dûment déclarés). La révision des valeurs locatives, toujours évoquée pour bientôt, est devenue un thème récurrent chez les gouvernants.

Fin 2010, le législateur a fini par décider une révision des valeurs locatives – mais des seuls locaux professionnels – opérée par des commissions départementales (fisc, élus et contribuables) entre 2013 et 2015, après une expérimentation en 2011 dans cinq départements ; une autre expérimentation, votée trois ans plus tard, doit être menée jusqu'en 2015 pour les locaux d'habitation.

Au juste, une loi du 30 juillet 1990 avait déjà prévu d'y remédier, d'une part en chargeant l'administration fiscale d'une mise à jour globale mais aussi, d'autre part, en substituant aux valeurs locatives une « évaluation cadastrale » : plus homogène, élaborée après concertation avec les élus, elle reposait sur le remplacement des coefficients, sur une autre division catégorielle des terrains (immeubles d'habitation, sociaux, professionnels ou industriels) et sur la création de « secteurs d'évaluation » distincts du cadre communal et regroupant des prix comparables ; c'est le schéma repris en 2010 et 2013. Pourtant, si la révision générale des évaluations a bien été effectuée voici plus de vingt ans, elle n'a pas été incorporée dans les rôles d'imposition, la création de l'évaluation cadastrale étant elle-même repoussée par une loi du 15 juillet 1992.

b) La taxe départementale sur le revenu

La loi du 15 juillet 1992 a également reporté *sine die* l'autre élément de la réforme votée en 1990, à savoir le remplacement de la part départementale de taxe d'habitation par une nouvelle « taxe départementale sur le revenu » (TDR). L'une des principales critiques adressées à la taxe d'habitation est en effet d'ignorer totalement, au niveau de la base brute d'imposition, les ressources réelles des contribuables, que ne reflète pas nécessairement l'importance du logement. La TDR – le choix du niveau départemental tenant à la trop grande disparité statistique des ressources d'une commune à l'autre – devait être restreinte aux seules résidences principales, mais étendue aux personnes disposant d'un revenu tout en étant domiciliées chez autrui.

L'enterrement de la réforme s'explique sans doute par le volume jugé excessif des transferts qu'elle eut induit, s'agissant du nombre de redevables comme du montant des cotisations.

■ *La diminution décidée en 2000*

a) La suppression de la part régionale

C'est en quelque sorte par anticipation sur le programme global de réduction des impôts du budget 2001, marqué notamment par la quasi-suppression de la vignette automobile aux dépens des départements, qu'a été décidée – par la loi de finances rectificative du 13 juillet 2000 – la suppression de la part régionale de la taxe d'habitation.

Rétroactive, cette réforme du Code général des impôts supposait une prise en charge par l'État des produits votés pour l'année 2000, sous forme de dégrèvement d'office, à hauteur de 880 M €, soit une baisse moyenne de taxe d'habitation pour les contribuables de 8 %. Si elle amputait encore la part des recettes fiscales dans les ressources des régions, ces dernières ne devaient pas souffrir du manque à gagner puisqu'il fut dès 2001 compensé par une dotation étatique (environ 1 milliard d'euros annuel) indexée sur le taux d'évolution de la dotation globale de fonctionnement ; elle est aujourd'hui intégrée dans la DGF des régions. Il reste que les conseils régionaux ont ici encore perdu une marge de manœuvre financière.

b) Le dégrèvement en fonction des revenus

La loi de finances rectificative du 13 juillet 2000 a parallèlement corrigé le système d'allégement sous conditions de revenus de la taxe d'habitation due pour la résidence principale (dont étaient déjà dégrevés d'office les RMIstes, contrairement aux titulaires métropolitains du RSA).

Auparavant, les contribuables concernés bénéficiaient, selon leur « revenu fiscal de référence », d'un dégrèvement d'office pour la totalité ou une partie de la cotisation d'impôt excédant des planchers fixés chaque année en valeur absolue (235 ou 334 € en 1999). Depuis 2000, les contribuables dont les revenus ne dépassent pas une série de seuils sont tous dégrevés pour la fraction de leur cotisation qui excède 3,44 % de leur revenu imposable diminué d'un abattement légal.

Assumé par l'État, ce dégrèvement dépasse les deux milliards d'euros annuels.

2 La réforme de la taxe professionnelle a achevé une double mise en œuvre

■ *Les modifications des années quatre-vingt-dix*

a) L'extension de la taxe professionnelle unique

L'allégement de la pression fiscale subie par les entreprises n'est pas la seule finalité de la réforme. Le législateur s'est également attaché à empêcher des communes voisines de se livrer à une concurrence à l'origine d'un cercle vicieux, les entreprises quittant une collectivité en raison de son taux trop élevé l'obligeant à l'augmenter pour compenser cette réduction de base, quand les contribuables s'installant dans une autre lui offrent de rendre son taux plus attractif encore. Une fiscalité propre aux structures de coopération permet au surplus le développement de projets d'aménagement et d'une solidarité financière locale.

La loi du 12 juillet 1999 relative au renforcement de la coopération intercommunale a repris l'idée d'impôt communautaire relancée par la loi du 6 février 1992 (avec intégration progressive des taux des communes membres) en en consacrant deux formes : la ***taxe professionnelle de zone***, applicable aux entreprises situées dans une « zone d'activité économique » que le groupement a créée, crée ou gère (50 M€ en 2009) et, surtout (13 Md€), la ***taxe professionnelle d'agglomération*** – la « taxe professionnelle unique (TPU) » au sens courant – applicable à l'ensemble des entreprises de la communauté. Le régime de chacune ne diffère guère que géographiquement. L'utilisation du produit est réglementée, s'agissant notamment de la compensation des transferts de charges entre les communes. La loi de 1999 a engendré une généralisation à compter de 2002 de la TP d'agglomération, obligatoire pour les communautés d'agglomération (CA), et atteint son but : le nombre d'établissements publics de coopération intercommunale (EPCI) à taxe professionnelle unique a plus que décuplé ; au 1er janvier 2010, 1302 groupements (dont les 181 CA et les 5 syndicats d'agglomération nouvelle (SAN), ainsi que 13 des 16 communautés urbaines d'alors) sur 2 611 EPCI à fiscalité propre y étaient soumis, soit 46,4 millions d'habitants.

Aujourd'hui, les deux systèmes de fiscalité professionnelle substituée ont été transposés à la cotisation foncière des entreprises (CFE) et la « FPU » concerne un peu plus de la moitié des 1 903 communautés de communes (au 1er janvier 2014) et plus de 53 millions d'habitants avec les autres groupements. Au surplus, depuis la loi du 16 décembre 2010, les communes membres d'un EPCI à fiscalité propre peuvent décider de mettre également en commun leurs impôts sur les ménages, taxe d'habitation et/ou taxes foncières.

b) La suppression de la part salariale

Très rapidement après la création de la taxe professionnelle en 1975, son assiette avait été accusée de freiner aussi bien l'investissement, par la taxation des équipements, que l'embauche, par celle des salaires.

La loi de finances du 30 décembre 1998 a consacré la réforme la plus simple en décidant la suppression progressive de la part salariale de la TP (assise depuis 1982 sur 18 % des rémunérations brutes versées dans l'entreprise), sur cinq ans : le Code général des impôts a ainsi prévu une réduction de la fraction imposable des salaires de 15 245 € (par redevable et par commune) en 1999 – ce qui revenait à viser les entreprises versant jusqu'à 84 694 € de rémunérations brutes – puis de 45 735 € en 2000 (soit 254 082 € de salaires), 152 449 € en 2001, 914 694 € en 2002 et, enfin, la totalité de la « part salaires » en 2003.

C'était supprimer à terme le tiers de l'assiette globale de la taxe professionnelle. Bien qu'aucun principe de valeur constitutionnelle n'obligeait à la compenser ainsi, l'État a pris en charge près de 2 milliards d'euros dès 1999, soit une compensation intégrale de la réforme au regard des taux de 1998. Pour les années suivantes, le système choisi fut celui d'une indexation sur la dotation globale de fonctionnement – aujourd'hui, la DGF l'intègre pour l'essentiel – selon une logique reprise lors de la suppression de la part régionale de taxe d'habitation. Le coût de cette réforme pour l'État a atteint 9 milliards en 2003.

La disparition de la taxe professionnelle annoncée en février 2009 et mise en œuvre par la loi de finances pour 2010 aura consisté à supprimer l'autre élément critiqué de son assiette.

■ *La disparition appliquée en 2010*

a) La diversification de la fiscalité professionnelle

Le remplacement de la taxe professionnelle, notamment en faveur d'une imposition de la valeur ajoutée produite par les entreprises, avait été évoqué dès 1980. La nouvelle ***contribution économique territoriale (CET)*** est l'appellation du regroupement d'une imposition maintenue sur la propriété foncière professionnelle, la ***cotisation foncière des entreprises (CFE)***, et d'une imposition nouvelle sur la richesse produite, la ***cotisation sur la valeur ajoutée des entreprises (CVAE)***. Souvent, les textes ont substitué la seule CFE à la TP.

Le législateur a souhaité éviter tout effet d'aubaine. Aussi, par exemple, est-ce le chiffre d'affaires consolidé qui est pris en compte pour que de grandes entreprises ne bénéficient pas de dégrèvements indus. C'est également la raison d'être de ***l'imposition forfaitaire sur les entreprises de réseaux***. L'IFER est un ensemble d'impôts à taux national, comme la CVAE, frappant différentes catégories d'entreprises aux équipements bien plus importants que leur valeur ajoutée : éoliennes, usines de production d'électricité, transformateurs électriques, stations radioélectriques (antennes de téléphonie mobile), répartiteurs principaux (centraux téléphoniques) et transport ferroviaire – ainsi que stockage et transport de gaz, depuis 2011 – eussent sinon été grandement favorisés par leur soumission à la seule CET.

En 2010, année de transition, la CFE (alors estimée à 6 Md€, un tiers de la CET) – aux taux de l'ancienne TP – la CVAE (11 Md€, deux tiers de la CET) et l'IFER (1,5 Md€ attendus) ont été levées au profit de l'État.

b) La compensation de la taxe professionnelle

Pour 2010, une « compensation relais » de plus de 32 Md€ a été mise en place : chaque collectivité locale devra avoir perçu de l'État les recettes correspondant à la TP dorénavant supprimée, pour un montant arrêté soit au produit voté en 2009, soit au produit des bases actualisées de

2010 multipliées par le taux de 2009 mais dans la limite d'un accroissement de 1 % par rapport au taux de 2008.

La nouvelle répartition des ressources fiscales, entrée en vigueur en 2011, est complexe. La CVAE (14,7 Md€ en 2011, 15,2 Md€ en 2012, 16,3 Md€ en 2013) est répartie à raison de ***26,5 %*** pour le secteur communal (1 Md€ aux communes, 2,8 Md€ aux EPCI, en 2011, et 3,2 Md€ en 2013), ***48,5 %*** pour les départements (7,2 Md€ en 2011, 7,4 Md€ en 2012, 7,9 Md€ en 2013) et ***25 %*** pour les régions (3,7 Md€ en 2011, 3,8 Md€ en 2012, 4,1 Md€ en 2013). La CFE (6,3 Md€ en 2011, 6,7 Md€ en 2012, 6,9 Md€ en 2013) est réservée, tout comme la taxe d'habitation, aux communes (1,5 Md€ mais 1,35 Md€ en 2013) et groupements (4,8 Md€ en 2011, 5,2 Md€ en 2012, 5,56 Md€ en 2013), lesquels reçoivent notamment la taxe sur les surfaces commerciales (***TASCOM***), instituée en 1972 au profit de l'État (600 M€ en 2011, 610 M€ en 2012, 708 M€ en 2013), une taxe additionnelle à la taxe foncière sur les propriétés non bâties (***TATFNB***), nouvellement créée (75 M€ en 2011, 77 M€ en 2012 et 78 M€ en 2013, dont les trois quarts aux EPCI à fiscalité propre), et l'IFER sur les transformateurs électriques (164 M€ en 2011, 174 M€ en 2013). Les IFER sur le matériel roulant ferroviaire (400 M€) et les répartiteurs principaux (256 M€) sont attribuées aux seules régions (636 M€ en 2011, 649 M€ en 2012, 656 M€ en 2013) ; les IFER sur les éoliennes, les centrales électriques, les stations radioélectriques et le gaz sont partagées entre départements (210 M€ en 2011, 223 M€ en 2012, 248 M€ en 2013) – qui bénéficient de l'ancienne part régionale de la taxe sur le foncier bâti ainsi que du transfert par l'État de la totalité de la taxe spéciale sur les conventions d'assurance (TSCA) et d'une part supplémentaire des droits de mutation à titre onéreux (DMTO) – et communes et groupements (260 M€ en 2011, 292 M€ en 2012, 336 M€ en 2013).

Pour les trois niveaux de collectivités, la stricte équivalence des recettes doit être atteinte grâce aux Dotations de compensation de la réforme de la taxe professionnelle ***(DCRTP)*** puis aux reversements, ou aux prélèvements, opérés via les trois Fonds Nationaux de Garantie Individuelle des Ressources. Le ***FNGIR*** est ainsi un fonds de péréquation fiscale horizontale entre « gagnants » (la Région Ile-de-France et trois départements, par exemple, en 2013) et « perdants » (toutes les autres régions et presque tous les autres départements) de la réforme de la fiscalité locale.

Le législateur a, par ailleurs, décidé de généraliser la péréquation, de rénover les fonds existants et de créer plusieurs Fonds nationaux de péréquation, l'un pour les DMTO des départements, en 2011, et deux autres, en 2012, pour la CVAE des départements et celle des régions.

L'actuelle répartition des impôts directs locaux obligatoires

Commune isolée	Commune dans un groupement à fiscalité additionnelle		Commune dans un groupement à fiscalité professionnelle de zone		Commune dans un groupement à fiscalité professionnelle unique		Département	Région
	Commune	EPCI	Commune	EPCI	Com-mune	EPCI		
Taxe d'habitation (TH)	TH	TH	TH	TH	TH	TH		
Taxe foncière sur les propriétés bâties (TFB)	TFB	TFB	TFB	TFB	TFB	TFB	TFB	
Taxe foncière sur les propriétés non bâties (TFNB)	TFNB	TFNB	TFNB	TFNB	TFNB	TFNB		
Taxe additionnelle à la TFNB	TATFNB : *commune ou EPCI sur délibérations concordantes*		TATFNB : *commune ou EPCI sur délibérations concordantes*			TATFNB		
Contribution foncière des entreprises (CFE)	CFE	CFE	CFE (en dehors de la zone)	CFE		CFE		
26,5 % Contribution sur la valeur ajoutée des entreprises (CVAE)	26,5 % CVAE partagés entre commune et EPCI		26,5 % CVAE partagés (en dehors de la zone)	26,5 % CVAE	26,5 % CVAE partagés		48,5 % CVAE	25 % CVAE
Imposition forfaitaire sur les entreprises de réseaux (IFER) éoliennes : 20 %	Imposition forfaitaire sur les entreprises de réseaux (IFER) éoliennes : 20 %	Imposition forfaitaire sur les entreprises de réseaux (IFER) éoliennes : 50 %	Imposition forfaitaire sur les entreprises de réseaux (IFER) éoliennes : 20 %	Imposition forfaitaire sur les entreprises de réseaux (IFER) éoliennes : 50 %		Imposition forfaitaire sur les entreprises de réseaux (IFER) éoliennes : 70 %	Imposition forfaitaire sur les entreprises de réseaux (IFER) éoliennes : 30 % (80 % pour communes isolées)	
IFER hydroliennes : 50 %	IFER hydroliennes : 50 %		IFER hydroliennes : 50 %			IFER hydroliennes : 50 %	IFER hydroliennes : 50 %	

IFER centrales : 50 %	IFER centrales : 50 %		IFER centrales : 50 %			IFER centrales : 50 %	IFER centrales : 50 %	
IFER transformateurs électriques	IFER transformateurs électriques		IFER transformateurs électriques			IFER transformateurs électriques		
IFER stations radioélectriques : 66,66 %	IFER stations radioélectriques : 66,66 %		IFER stations radioélectriques : 66,66 %			IFER stations radioélectriques : 66,66 %	IFER stations radioélectriques : 33,33 %	
IFER installations et compression gaz naturel	IFER installations et compression gaz naturel		IFER installations et compression gaz naturel			IFER installations et compression gaz naturel		
IFER stockages souterrains gaz naturel : 50 % (et 50 % Département)	IFER stockages souterrains gaz naturel : 50 %	IFER stockages souterrains gaz naturel : 50 %	IFER stockages souterrains gaz naturel : 50 %	IFER stockages souterrains gaz naturel : 50 %		IFER stockages souterrains gaz naturel	IFER stockages souterrains gaz naturel : 50 % (dans communes isolées)	
IFER canalisations gaz et autres : 50 %	IFER canalisations gaz et autres : 50 %		IFER canalisations gaz et autres : 50 %			IFER canalisations gaz et autres : 50 %	IFER canalisations gaz et autres : 50 %	
								IFER matériel roulant ferroviaire
								IFER répartiteurs (boucle locale cuivre)

La gestion de l'impôt

CHAPITRE 4

Au sens matériel du terme, ou stricto sensu, *la gestion de l'impôt local échappe totalement aux collectivités territoriales car l'État assure lui-même les opérations d'établissement, de calcul et de recouvrement. Mais, même au sens large, les collectivités locales ne maîtrisent pas pleinement la détermination de cette ressource, dont le quart est payé par le contribuable national, via les compensations et dégrèvements assumés financièrement par l'État.*

1 Les collectivités locales ont une liberté limitée quant au poids de l'impôt

■ *Le vote des taux des impôts directs*

a) Le moment

La loi du 10 janvier 1980 a transformé les « quatre vieilles » d'impôts de répartition en impôts de quotité en permettant aux collectivités locales de voter non plus le produit global de leurs impôts – aux services de l'État d'en ***répartir*** ensuite la charge sur chacun – mais de déterminer, grâce à la modulation des taux, la pression fiscale exercée sur chaque catégorie de contribuables, propriétaires, occupants de logements ou entreprises.

Le vote des taux des quatre grands impôts ne relève pas, juridiquement, de la délibération budgétaire et les délais de vote ont un temps été distincts. C'est la loi du 13 juillet 1984 qui les a alignés sur la date limite d'adoption du budget de l'exercice en cours, avec les mêmes possibilités de prorogation en cas de retard de communication par l'État des informations nécessaires (ainsi qu'en cas d'élections et, en raison de la réforme de la fiscalité professionnelle, en 2010, 2011 et

2012) ; ***la loi de finances rectificative du 29 décembre 2012*** a substitué au traditionnel 31 mars la date du 15 avril, éventuellement repoussée au 30 avril.

Un tel délai, qui permet donc une rétroactivité fiscale, ne doit pas être confondu avec la date limite – le 1er octobre de l'année précédente, en principe – imposée aux assemblées délibérantes pour décider des abattements ou exonérations facultatifs (sachant que la loi de finances rectificative du 29 décembre 2012 a toutefois offert aux collectivités le droit de se repentir jusqu'au 21 janvier 2013 d'une pression fiscale sur les petites entreprises trop élevée).

b) Les mécanismes

Afin d'éviter une disparité excessive entre collectivités, voire une atteinte à l'unité de la République, la loi du 10 janvier 1980 modifiée a prévu une double entrave à la liberté de vote des conseils locaux. Toutefois, la seconde a été sensiblement allégée ces dernières années.

D'abord, le législateur a institué un ***plafond de référence*** empêchant, d'une part, les *conseils municipaux* de voter, pour les taxes foncières (TFB et TFNB) ou la taxe d'habitation (TH), un taux excédant deux fois et demie la moyenne des communes du département (ou la moyenne nationale si elle est supérieure), règle étendue aux *conseils départementaux* pour le foncier bâti avec la réforme de 2010 ; et, d'autre part, *l'ensemble des assemblées délibérantes* de voter un taux de taxe professionnelle (TP) excédant deux fois la moyenne nationale de leurs catégories respectives : aujourd'hui, seule la *cotisation foncière des entreprises* (CFE) et donc le secteur communal sont concernés.

Ensuite, un mécanisme de ***liaison entre les taux*** tend à préserver les entreprises lorsque les collectivités ne se contentent pas d'une simple variation proportionnelle des taux. Si elles choisissent une variation différenciée, le taux de la TP, et désormais de la CFE, ne peut diminuer moins que celui de la TH – ceci valant aussi pour la TFNB – ou que le taux moyen des trois impôts ménages pondéré par l'importance de leurs bases respectives. À l'origine, il ne pouvait pas non plus, en principe, augmenter plus. Depuis 2001 pour les départements, puis 2004 pour les régions, communes et EPCI à fiscalité propre, l'augmentation était possible jusqu'à une fois et demie ces valeurs. Seule a été maintenue la « majoration spéciale » permettant de rattraper la moyenne nationale dans la limite de 5 % de celle-ci. Dans les groupements à fiscalité professionnelle unique, le taux de la CFE peut également augmenter de 5 % dès lors qu'il reste inférieur à 75 % de la moyenne de la catégorie. En outre, ces groupements-ci peuvent, sinon, capitaliser sur trois ans les marges de hausse possible ainsi mises en réserve.

La multiplication des compensations étatiques

a) Les raisons

Si le législateur a posé en 1983 le principe – constitutionnalisé en 2003 – selon lequel les ***transferts*** de compétences de l'État doivent s'accompagner d'un transfert concomitant de ressources à hauteur des charges nouvelles, cette équivalence ne s'appliquant pas aux simples ***extensions*** ou même aux ***créations*** de compétence, les compensations étatiques tendent également à couvrir certaines pertes de recettes fiscales des collectivités locales décidées par lui : ainsi des mesures de personnalisation de l'impôt, en fonction du revenu, principalement pour la taxe d'habitation. Bien que les compensations ne couvrent pas tous les abattements prévus par la loi, même ceux qui ne sont pas librement décidés localement, l'État assume globalement le coût des exonérations (autres mesures de réduction de la base) et des dégrèvements législatifs (qui sont des réductions de la cotisation, dont le volume dépend donc des taux). À cet égard, c'est surtout la multiplication, notamment ces dernières années, des allégements législatifs de la fiscalité locale – singulièrement la TP, avant sa disparition – qui a impliqué une diminution sensible de la proportion de ces recettes dans les ressources des collectivités jusqu'à ce que le mouvement fût stoppé en 2003.

b) Les niveaux

La prise en charge du manque à gagner fiscal par l'État a crû considérablement depuis 1980, quadruplant de volume en dix ans. L'explosion de la compensation reflétait le déséquilibre grandissant entre la pression fiscale décidée par les collectivités et le caractère limité du rendement permis par l'assiette des impôts locaux.

En 2006, la contrepartie des dégrèvements – qui avait encore doublé en dix ans – dépassait ainsi 12 milliards d'euros (20 pour 2009) dont 6,5 pour le plafonnement à la valeur ajoutée de la TP (8 pour 2009) et 2,2 pour le plafonnement de la TH en fonction du revenu, la dotation de compensation de la taxe professionnelle (DCTP) plus de 1 milliard (630 M€ pour 2009) ; et les compensations des exonérations frôlaient les 2 milliards (1,9 pour 2009) : soit au total le quart des recettes des « quatre vieilles ». Mais en 2003, avant l'intégration dans la dotation globale de fonctionnement de la compensation des réformes votées depuis 1999 (TH, TP et droits de mutation), le total représentait le tiers de ces recettes, au-delà de 22 Md€.

Aujourd'hui, l'État compense environ trois milliards d'euros d'exonérations (3,2 Md€ pour 2012, 3 Md€ pour 2013, 2,9 Md€ pour 2014) et autour de dix milliards de dégrèvements (10,3 Md€ pour 2012, 9,8 Md€ pour 2013, 9,7 Md€ pour 2014). La pleine entrée en vigueur de la réforme fiscale en a modifié la répartition et les supports.

2 Les collectivités locales n'ont aucune part dans le recouvrement de l'impôt

■ *Le rôle de l'État*

a) La gestion matérielle des impôts locaux

Aucun impôt n'est recouvré par les soins d'une administration locale. Il n'est que de rares exceptions, en matière de fiscalité indirecte, comme la taxe communale sur les activités commerciales non salariées à durée saisonnière créée par la loi de finances pour 2001, qui vise les exploitants non redevables de la TP ou aujourd'hui de la CFE.

Ce rôle échoit aux services fiscaux de l'État, traditionnellement divisés en deux grandes Directions dont la fusion dans la nouvelle Direction Générale des Finances Publiques (DGFiP), créée en avril 2008, s'est s'achevée matériellement fin 2011 : les opérations de recouvrement relevaient principalement de la Direction Générale de la Comptabilité Publique, tandis que la Direction Générale des Impôts était chargée, en amont, des opérations d'assiette (détermination des bases, calcul des cotisations, établissement des rôles et avis d'imposition) et des opérations de contrôle.

Cependant, l'État perçoit en contrepartie un ***prélèvement pour frais d'assiette et de recouvrement,*** qui s'élevait à 4 % du montant des impôts directs locaux : ces ***frais de gestion de la fiscalité locale*** furent augmentés de 0,4 % par la loi du 30 juillet 1990 relative à la révision générale des évaluations cadastrales (révision effectuée mais jamais entrée en vigueur) et cette augmentation a été pérennisée par la loi de finances pour 1996. Il semble que ce prélèvement, dont le montant figure clairement sur les avis d'imposition, dépassait très sensiblement le coût effectif du service. Toutefois, pour compenser la suppression de la taxe professionnelle, l'État en a abandonné à partir de 2011 les trois quarts aux collectivités : il ne conserve que 1 % sur le montant des TH, TFB, TFNB, CFE et IFER.

b) La gestion des sommes non recouvrées

L'État assure aux collectivités locales le produit des impôts qu'elles ont voté. Restent définitivement à sa charge les dégrèvements, ces décharges d'impôt totales ou partielles qui sont accordées en vertu de la loi à certaines catégories de contribuables soit d'office, soit après réclamation. En outre, certaines cotisations ne sont pas recouvrées, en raison de leur modicité (ainsi, celles inférieures à 12 € pour la TH), mais admises en « non-valeurs » (2 M€ de TH en 2006, par exemple). Enfin, le refus de paiement des impôts locaux n'est pas négligeable : si le taux de non-recouvrement (l'admission en non-valeur atteignant environ 500 M€ par an) varie selon les taxes, avec des disparités régionales sensibles, il est nettement plus élevé que pour les impôts d'État.

Cette charge est toutefois partiellement financée par les contribuables locaux car l'État levait, pour ***frais de dégrèvements et de non-valeurs***, 3,6 % du montant des impôts directs et taxes assimilées – sauf la taxe d'habitation pour la résidence principale : hormis pour celle-ci, le prélèvement étatique total était donc de 8 % – jusqu'à la loi de finances pour 2010. Depuis 2011, il n'en perçoit plus, là encore, qu'une partie : 2 % sur les seules taxes foncières, taxe d'habitation pour résidence secondaire (laquelle subit un prélèvement supplémentaire pour les dégrèvements fonction du revenu), CFE et IFER, d'abord ; puis, à compter de 2014, l'État a abandonné, d'une part, aux départements les frais de dégrèvement sur la TFNB (en fonction de leurs dépenses sociales) et, d'autre part, aux régions une partie des frais perçus sur la CFE, la CVAE et, à titre subsidiaire, sur la TH, à hauteur de 600 M€ (avec une progression fonction du surcroît annuel à compter de 2015).

■ *Le coût pour l'État*

a) Le système des avances aux collectivités locales

Le produit des impôts locaux transite par le plus important des comptes spéciaux du Trésor – il s'agit en effet pour l'État d'une opération temporaire – avec 98 Md€ de recettes prévues pour 2014, un compte d'avances remplacé depuis le 1er janvier 2006 par un compte de concours financiers (CCF) censé être conforme à la LOLF. Le principe est que l'État avance aux collectivités le produit attendu de leurs impôts, en leur en versant un douzième à la fin de chaque mois. Au début de l'année, c'est-à-dire avant le vote de la totalité des budgets locaux, le calcul est effectué en se fondant sur le « produit assuré », fonction des taux votés l'année précédente ; en juin, les calculs sont régularisés et les versements ultérieurs effectués au regard du « produit voté ». Ce service rendu aux collectivités par l'État l'est gratuitement.

b) Le poids des avances aux collectivités locales

Le système est en principe structurellement déséquilibré. D'une part, il est nettement négatif les premiers mois puisque l'État verse déjà aux collectivités une partie de leurs impôts sans que les contribuables ne lui aient encore payé leurs cotisations, sinon quelques restes sur les impositions antérieures : les impôts locaux sont en effet modérément mensualisés dans l'ensemble et le premier acompte de taxe professionnelle, ou désormais de CVAE, n'intervient qu'en juin. On parle d'« effet de profil ». D'autre part, le paiement, durant l'automne, de l'essentiel des impôts directs ne suffit pas à couvrir l'ensemble des versements en raison des dégrèvements et admissions en non-valeur des impositions non recouvrées, puisque l'État assure aux collectivités le produit voté : on parle d'« effet de solde ».

Ce système est parfois analysé comme la contrepartie du principe d'unité de trésorerie et de l'obligation faite aux collectivités de déposer au Trésor, sans être rémunérées, la quasi-totalité de leurs disponibilités. S'il n'y a en réalité nul lien, ni légal ni logique, entre les deux mouvements, il est vrai que l'on considère généralement que les masses financières en jeu de part et d'autre s'équilibrent globalement. Cependant, l'exécution depuis 2009 du CCF « Avances aux collectivités territoriales » affiche un excédent (737 M€ dans le projet de loi de finances pour 2013, 400 M€ en 2014), dû à l'amélioration récente des taux de recouvrement et, surtout, à l'intégration d'une TIPP/TIPCE (pour la compensation du RMI et, aujourd'hui, du RSA) aux recettes parfois plus fortes qu'attendu.

FOCUS : le rapport de la Cour des comptes du 28 mai 2014

Une partie du rapport de la Cour des comptes rendu public le 28 mai 2014 et relatif à l'exécution du budget de l'État pour l'exercice 2013 est consacrée au système des avances aux collectivités territoriales. La Cour relève que, depuis l'entrée en vigueur de la réforme de la fiscalité professionnelle, ce compte de concours financiers, le CAV, n'avait jamais connu de solde déficitaire. Or, au lieu de l'excédent prévisionnel qui s'élevait au double, fin 2012, son exécution fait ressortir un déficit de 365 millions d'euros. Admettant qu'il est malaisé d'en identifier la ou les causes, les magistrats l'imputent cependant à une importante baisse du niveau de la CVAE, dès lors que l'État reverse aux collectivités un montant correspondant au produit de cette imposition constaté dans les recettes du CAV l'année précédente. Parmi d'autres propositions ponctuelles (comme la claire dissociation des recettes réelles et des recettes « d'ordre », qui ne sont que jeu d'écriture), la Cour recommande par ailleurs « la création d'un instrument budgétaire spécifique adapté aux opérations de recouvrement et d'avances des impôts locaux », car ces concours financiers aux collectivités ne sont pas des « prêts ou avances » au sens de l'article 24 de la LOLF dès lors qu'ils ne font pas l'objet d'un remboursement ni ne sont grevés d'intérêts ou d'une durée déterminée.

PARTIE 2

Les ressources non fiscales

Les dotations et subventions

CHAPITRE 5

Les trois quarts des dotations et subventions de l'État – notamment la plus importante, la DGF – ne sont pas budgétisées en tant que « dépenses », à l'instar des crédits des divers ministères, mais font l'objet de « prélèvements sur recettes », aujourd'hui clairement identifiés : par exemple, avant que la loi de finances pour 2011 n'ouvre un « compte d'affectation spéciale », le produit des amendes de la police de la circulation et (depuis 2008) des radars automatiques (680 M€ pour 2014), destiné à l'investissement des communes, groupements et départements. En février 2013, le Gouvernement a annoncé une baisse des concours étatiques de 1,5 Md€ en 2014 et de 3 Md€ en 2015.

1 Les aides étatiques au fonctionnement tiennent essentiellement à la DGF

■ *Les réformes de la Dotation globale de fonctionnement*

a) La globalisation de la DGF

Créée par la loi du 3 janvier 1979, la DGF avait été substituée au « versement représentatif de la taxe sur les salaires », taxe elle-même disparue dès 1968 en raison de la généralisation de la TVA. Elle était ainsi l'aboutissement de la disparition d'une recette fiscale. C'est ce même mouvement qu'a consacré la loi de finances pour 2004 avec la quatrième version de la DGF – déjà réformée en 1985 et, pour les communes, en 1993 – qui intègre la compensation des suppressions d'impôts locaux votées depuis 1999 (droits de mutation, taxe d'habitation régionale, vignette automobile, part salaires de la taxe professionnelle). La « globalisation » de ces dotations (et de 95 % de la dotation générale de décentralisation, notamment) dans une DGF maintenant servie aussi à toutes les régions, et dont la réforme s'est poursuivie avec la loi de finances pour 2005, explique pourquoi son volume a doublé entre 2003 et 2004.

Avec plus de 40 Md€ (41,5 en 2013 mais 40,1 M€ pour 2014) sur un total général de 75 milliards (dont 55,7 Md€ de prélèvements sur les recettes de l'État en 2013 mais 54,2 Md€ pour 2014), la DGF est de très loin le premier des concours étatiques. Encadrée par le Code général des collectivités territoriales, son évolution annuelle – indexée sur la hausse des prix mais aussi une part de l'augmentation du PIB depuis 1999 – ne progressait plus, depuis 2008, qu'en fonction de l'inflation. « Gelée » à compter de 2011, elle fait aujourd'hui l'objet de minorations.

b) L'harmonisation de la DGF

La structure de la DGF, dans ses grandes lignes, est désormais commune à tous les niveaux de collectivités, avec une dotation « forfaitaire » et une dotation « de péréquation ».

Pour les ***régions***, la première – minorée de 184 M€ en 2014 par rapport à 2013, au prorata des recettes totales de leur budget principal – correspond aux seuls concours « globalisés » et la seconde, servie à 13 d'entre elles en 2010 mais 14 en 2014 (outre les quatre ROM), à l'ancien Fonds de correction des déséquilibres régionaux (96 M€ en 2005, 132 M€ en 2007, 171 M€ en 2009, 183 M€ en 2011, 193 M€ en 2013 et 2014). La DGF des régions (plus de 5 milliards d'euros au total, soit 13 % de la DGF) constitue le quart de leurs recettes totales hors emprunts.

La DGF des ***départements*** (30 % de la DGF, 12 milliards environ, soit un cinquième de leurs ressources hors emprunts) comprend la dotation forfaitaire (8 Md€ en 2013 comme en 2012, minorés de 476 M€ à compter de 2014) – avec une dotation de base par habitant fixée à 70 € en 2005 (74,02 € depuis 2012) et une éventuelle garantie de progression – et la dotation de compensation (2,8 Md€ depuis 2012) attribuées à chacun, le solde, destiné à la péréquation, se divisant en deux : la plupart des 35 (en 2014 comme en 2013 et 2012) départements « urbains » se partagent la nouvelle « dotation de péréquation urbaine » (623 M€ en 2013, 626 M€ pour 2014) tandis que tous les départements ruraux (61) sont aujourd'hui éligibles à la « dotation de fonctionnement minimale » (790 M€ en 2013, 797 M€ pour 2014).

Au sein de la DGF des ***communes et groupements*** (moins de 25 milliards, 57 % de la DGF), depuis 2005 la dotation forfaitaire (13,4 Md€ en 2013 et minoration de 588 M€ pour les communes à compter de 2014) comprend une dotation de base, fonction de la seule population et progressive (de 60 à 120 € par habitant en 2005, 64,46 à 128,93 € en 2014, soit 6,8 Md€), une dotation proportionnelle à la superficie (3 €/ha, 5 en montagne, 3,22 ou 5,37 € aujourd'hui, soit 225 M€) ainsi que la compensation des baisses de TP (1,5 Md€) et un éventuel complément de garantie (4,7 Md€), plus quelques millions pour les parcs nationaux et les stations touristiques. Le solde, dit « dotation d'aménagement » (10,3 Md€), couvre la ***dotation d'intercommunalité***

(2,7 Md€ en 2013, minorée de 252 M€ en 2014) et la compensation des groupements (4,5 Md€), d'une part, et, d'autre part, les dotations, annuelles, de solidarité urbaine (DSU : 1551 M€) ou rurale (DSR : 1008 M€), créées en 1991 et 1993 ; il est maintenant abondé par la « dotation – l'ancien « Fonds » – nationale de péréquation » (DNP : 774 M€ en 2013, 784 M€ pour 2014). Depuis la loi du 16 décembre 2010, un EPCI à fiscalité propre peut recevoir la DGF de ses communes membres, s'ils sont unanimes ; il leur devra alors une « dotation de reversement », péréquatrice, de même montant global.

■ *Les compléments de la Dotation globale de fonctionnement*

a) L'aide au financement des transferts de compétences

Malgré la globalisation de la DGF, il existe encore plusieurs dotations budgétaires étatiques – environ 3 milliards d'euros au total jusqu'en 2013 – que l'on isole ordinairement parce qu'elles étaient corrélées aux transferts de compétences décidés en 1983 et ne devaient normalement qu'abonder les ressources tirées de la fiscalité transférée. La plus importante était la ***dotation de décentralisation « formation professionnelle »*** (1 703 M€ pour 2013, comme depuis 2010), évidemment servie aux seules régions, mais elle a disparu avec la loi de finances pour 2014 (et la loi du 5 mars 2014 relative à l'apprentissage) au profit d'une compensation fiscale dynamique, via le transfert de certains frais de gestion des impôts locaux et d'une fraction supplémentaire de TICPE. La ***dotation générale de décentralisation (DGD)*** compensait notamment, elle, l'aide sociale des départements et avait atteint 6 milliards en 2002 avec la régionalisation du transport ferroviaire : cette enveloppe ne représente plus qu'un milliard et demi (1 544 M€ pour 2014, dont 130 au secteur communal, 269 aux départements, 277 à la Corse, 500 aux régions et divers concours particuliers). Un « ***Fonds de mobilisation départementale pour l'insertion*** » a été créé en 2006, prélevé sur les recettes de l'État au bénéfice des conseils généraux, doté de 500 M€ annuels depuis 2007. Fin 2012 lui a été ajouté un « *fonds exceptionnel de soutien aux départements en difficulté* » géré par la Caisse nationale de solidarité pour l'autonomie, ponctionnée à ce titre de 170 M€.

b) L'aide au financement de charges spécifiques

Par définition, les ***subventions des différents ministères*** permettent chacune de subvenir à certaines charges de fonctionnement particulières. Budgétairement, il s'agit donc de ressources affectées, dont le volume total annuel gravitait autour d'un milliard d'euros ; la mise en œuvre de la LOLF conduit cependant à ne plus distinguer entre fonctionnement et équipement (1,8 milliard en 2010, 2,1 Md€ en 2011, 1,9 Md€ en 2012, 1,6 Md€ en 2013, mais 2,55 Md€ pour 2014).

Sont aussi obligatoirement affectées, dans les budgets des ***communes***, les recettes tirées de la « ***dotation spéciale instituteurs*** » (DSI), qui vise à compenser l'obligation de logement des (seuls) instituteurs des écoles publiques (136 M€ en 2006, 37 M€ en 2009, 22 M€ en 2013, 20 M€ pour 2014), et celles de la « ***dotation élu local*** » (DEL), attribuée uniquement aux petites communes rurales pour aider au financement des frais engendrés par les mandats (50 M€ en 2006, 65 M€ depuis 2009, soit 2 799 € pour 2014). La loi de finances pour 2009 a en outre institué, d'une part, une « ***dotation pour les titres sécurisés*** » (DTS) en faveur des communes équipées d'une ou plusieurs stations d'enregistrement des demandes de passeports ou de cartes d'identité électroniques (forfait de 5 000 € par an et par station, porté à 5 030 € en 2011, soit 17,74 M€ en 2014), une dotation exceptionnelle de 97,5 M€ soldant alors, par ailleurs, le contentieux des titres délivrés, au nom de l'État mais aux frais des villes, de 2005 à 2008 ; et, d'autre part, un *fonds d'aide aux communes touchées par les restructurations militaires*, aujourd'hui basculé dans les crédits pour « aides exceptionnelles » (10 M€ pour 2013, non doté pour 2014). Il existe, enfin, une dotation de très faible montant (un demi-million annuel) pour l'indemnisation des régisseurs de police municipale dans les villes où le préfet a créé une régie pour l'encaissement des contraventions de stationnement.

2 Les aides étatiques à l'investissement sont de natures diverses

■ *Les subventions*

a) La création de la Dotation globale d'équipement

Inférieure au montant des classiques subventions d'investissement des différents ministères (presque 1 milliard annuel), la Dotation globale d'équipement (DGE) ne représente plus, depuis des années, qu'une ressource secondaire en volume (environ 700 M€ annuels), moins du dixième du total des aides étatiques à l'équipement. Sa création, en 1982, répondait pourtant à une liberté nouvelle – la globalisation des concours – quand le système antérieur reposait essentiellement sur la technique dite des « subventions spécifiques », attribuées en vue d'un projet déterminé et, par hypothèse, agréé par l'État : ce système lui permettait de planifier l'investissement local mais générait une tutelle mal supportée par les élus.

La loi du 7 janvier 1983 a établi un mécanisme d'aide automatique par application d'un taux de concours unique (2 % environ) aux équipements locaux budgétisés. Or, s'il ne nuisait pas aux collectivités investissant régulièrement, les petites communes ont ainsi subi une lourde baisse de l'aide étatique. Dès la loi du 20 décembre 1985, la DGE a donc été divisée en deux parts (égales à partir de 1992) : tandis que la première maintenait le système de 1983 au profit des collectivités les plus importantes, la seconde part – pour les communes de moins de 2 000 habitants ou, sur option, moins de 10 000 – rétablissait les subventions spécifiques, au taux de 20 à 60 %, réparties par le préfet sur avis d'une commission d'élus.

b) Les transformations de la Dotation globale d'équipement

La ***DGE des communes*** (485 M€ depuis 2008) avait poursuivi sa transformation avec une troisième version, issue de la loi de finances pour 1996 et de la loi du 26 mars 1996. La première part a alors été supprimée, c'est-à-dire qu'ont été consacrés le système des subventions spécifiques et la procédure de répartition préfectorale de l'enveloppe DGE. Parallèlement, les communes de 2 000 habitants et plus devaient justifier d'un potentiel fiscal faible et le législateur avait exclu du bénéfice de la DGE les collectivités de plus de 20 000 habitants (35 000 dans les DOM). Mais la loi du 12 juillet 1999 et la loi de finances pour 2001 ont rétabli l'éligibilité des groupements au-delà de ces seuils.

Quant à la ***DGE des départements*** (219 M€ pour 2014, comme en 2013), elle aura suivi le même mouvement, dix ans après, avec la loi de finances pour 2006 : en raison du trop faible taux de concours (2,8 %) de sa première part, a été seule maintenue la seconde part ; laquelle ne concerne que l'équipement rural, comme les subventions attribuées à des projets communaux ou intercommunaux au titre de la ***dotation de développement rural (DDR)*** (131 M€ depuis 2008). Une ***dotation de développement urbain***, réservée à cent villes particulièrement défavorisées, a par ailleurs été créée par la loi de finances pour 2009 (50 M€) et abondée (25 M€), pour les cinquante premières, par la loi de finances pour 2013, puis étendue à 120 communes et portée à 100 M€ l'année suivante ; la loi du 21 février 2014 a prévu qu'elle devienne « dotation politique de la ville » en 2015.

La loi de finances pour 2011 a fusionné DGE communale et DDR, en en conservant les montants (616 M€ annuels depuis), pour créer une « ***dotation d'équipement des territoires ruraux*** ». La ***DETR***, enveloppe de subventions d'investissement, en principe, n'est pas ouverte au-delà de 60 000 habitants. Elle peut bénéficier aux communes de 2000 habitants et moins (3 500 dans les DOM), ou jusqu'à 20 000 (ou 35 000) avec un potentiel *financier* inférieur à 1,3 fois la moyenne de la strate, ainsi, initialement, qu'aux EPCI à fiscalité propre soit jusqu'à 20 000 habitants (35 000 dans les DOM), soit constitués de communes éligibles, soit au potentiel *fiscal* limité au même plafond : dès juillet 2011, l'éligibilité a été accordée à tous les groupements et communes éligibles en 2010 à la DGE ou à la DDR mais aussi aux EPCI à fiscalité propre « ruraux » (jusqu'à 50 000 habitants, d'un seul tenant et sans enclave ni membre de plus de 15 000 habitants).

■ *Les compensations*

a) La DRES et la DDEC

Certaines dotations sont spécifiques et ne concernent que les régions – qui ne bénéficient pas de la DGE – et les départements car elles ont accompagné le transfert de compétences de 1983 en matière d'enseignement. Pour compenser les frais d'investissement relatifs aux collèges (exclus de la DGE) et aux lycées, la loi du 22 juillet 1983 a créé la ***dotation départementale d'équipement des collèges (DDEC)*** et la ***dotation régionale d'équipement scolaire (DRES)***. Toutes deux ont été réformées et transformées en prélèvements sur recettes de l'État par la loi de finances pour 2008. DRES et DDEC évoluaient comme la DGE mais sont gelées depuis 2009 aux montants alloués en 2008. Elles sont obligatoirement affectées à la reconstruction, aux grosses réparations (voire à la construction elle-même, ou à l'extension) ainsi qu'à l'équipement des établissements secondaires. La répartition de la DRES entre les régions (660 M€) est fonction de la population scolarisable et de la capacité d'accueil des lycées. La DDEC (330 M€) est répartie en deux temps, d'abord au niveau régional sur les mêmes bases, puis entre départements par la conférence des présidents de conseils départementaux (ou par le préfet de région à défaut d'accord).

b) Le FCTVA

Le ***Fonds de compensation pour la TVA*** est un mécanisme extra-fiscal permettant un retour aux collectivités locales des débours de TVA sur leurs dépenses d'équipement. Souvent considérées par elles comme un dû, les sommes transitant par le FCTVA – 6 milliards de prélèvements sur les recettes de l'État en 2011, 5,5 Md€ en 2012, 5,6 Md€ en 2013, 5,8 Md€ prévus pour 2014 – couvrent plus des deux tiers des aides étatiques à l'investissement. Un taux de compensation forfaitaire – uniforme depuis 1998, fixé en 2003 à 15,482 % puis, par la loi de finances du 14 mars 2012, à 16,586 % pour les opérations réalisées à compter de 2013 mais ramené, par la loi de finances pour 2014, à 15,761 % – est ainsi appliqué aux dépenses éligibles, précisées par décret. Ces dépenses doivent être réelles mais peuvent avoir été exposées *pour le compte* des collectivités. Surtout, leurs groupements (ainsi que divers établissements publics) sont également bénéficiaires du Fonds. Si le remboursement a normalement lieu avec un décalage de deux ans, il est anticipé d'un an pour les collectivités engagées, en 2009 et en 2010, dans le cadre du plan de relance de l'économie, ainsi que dans les EPCI à DGF communale mise en commun, et ce sont les dépenses de l'exercice en cours qui sont prises en compte pour les communautés de communes ou d'agglomération et les communes nouvelles.

L'actuelle répartition des principales dotations étatiques

		2012	2013	2014
Dotation globale de fonctionnement (T)	DGF	41 390	41 505	40 121
Dotation spéciale instituteurs (C)	DSI	24	22	20
Dotation élu local (C)	DEL	65	65	65
Dotation pour les titres sécurisés (C)	DTS	19	18	18
Dotation régisseur de police municipale (C)		0,5	0,5	0,5
Dotation générale de décentralisation (T)	DGD	1 525	1 527	1 544
DGD Formation professionnelle (R)	DGDFP	1 702	1 703	—
Fonds de mobilisation départementale pour l'insertion (D)	FMDI	500	500	500
Fonds redéploiement territorial des armées (C)		0	10	0
Fonds collectivités victimes de catastrophes naturelles (T)		0	10	10
Dotation d'équipement des territoires ruraux (C)	DETR	616	616	616
Dotation globale d'équipement (D)	DGE	224	219	219
Dotation de développement urbain (C)	DDU	50	75	100
Dotation régionale d'équipement scolaire (R)	DRES	660	660	660
Dotation départementale d'équipement des collèges (D)	DDEC	330	330	330
Fonds de compensation de la TVA (T)	FCTVA	5 507	5 627	5 769
Produit des amendes de police (compte d'affectation spéciale) (C/D)		662	687	680

C = secteur communal ; D = départements ; R = régions ; T = ensemble des collectivités locales
Les chiffres sont donnés en millions d'euros.

Les péréquations financières

CHAPITRE 6

La péréquation – objectif constitutionnalisé en 2003 (art. 72-2) – couvre tous les systèmes visant à réduire les écarts de ressources entre collectivités, en fonction de leurs disparités de richesses et de charges. Si des péréquations libres peuvent toujours être créées, notamment dans une structure de coopération, plusieurs mécanismes ont été institués par des lois modérément redistributrices, souvent récentes, obligeant à la solidarité.

1 Les péréquations ont d'abord permis une redistribution des ressources fiscales

■ Des péréquations anciennes visant la fiscalité professionnelle

a) Les fonds départementaux de péréquation de la taxe professionnelle

Dès la ***loi du 29 juillet 1975*** instituant la taxe professionnelle, le législateur a cherché à atténuer les inégalités les plus criantes dans la perception de cette recette. Aussi les ***fonds départementaux de péréquation de la taxe professionnelle (FDPTP)*** (861 M€ en 2006, 918 M€ en 2007, 925 M€ en 2008) étaient-ils principalement alimentés par une partie de la cotisation des « établissements exceptionnels », ceux dont les bases d'imposition par habitant excédaient le double de la moyenne nationale (ports, centrales...), appelée « produit écrêté », c'est-à-dire le montant de cet excédent multiplié par le taux local. Les ressources du fonds sont redistribuées par le conseil départemental entre communes et groupements « défavorisés », à faible potentiel fiscal ou aux charges importantes, la loi réservant jusqu'en 2012 au moins 40 % aux communes « concernées », auxquelles l'établissement imposait un préjudice ou une charge, ce qui limitait l'effet péréquateur.

La suppression de la taxe professionnelle ne les a pas fait disparaître, contrairement à la péréquation de la TP des grandes surfaces commerciales, qui existait depuis 1991 – les « Fonds départementaux de solidarité pour l'environnement », alimentés par une partie de la TP des entreprises produisant des déchets spéciaux ou ultimes, créés en 1993 au profit des communes sites de stockage (auxquelles une taxe est offerte), avaient déjà été supprimés – et les FDPTP ont été sanctuarisés par la réforme : alimentation et reversements conservés en 2010, niveau des ressources garanti pour 2011. Toutefois, depuis 2012, il ne s'agit plus de péréquation fiscale mais de dotation de l'État (423 M€, 430 M€ pour 2014 comme en 2013), comme pour les fonds de compensation des nuisances aéroportuaires de Roissy et d'Orly (figés à 6,8 M€).

b) Les évolutions de la péréquation de la fiscalité professionnelle

La ***loi du 10 janvier 1980*** avait complété le dispositif, à l'échelle nationale, par l'institution (mise en œuvre en 1983 seulement) du ***Fonds national de péréquation de la taxe professionnelle (FNPTP)*** au profit des communes à faible potentiel fiscal mais à l'effort fiscal important. Une partie de ses ressources provenait du produit de la « cotisation de péréquation de la TP » due (à hauteur de 1,6 à 3,4 %) par les entreprises situées là où le taux est inférieur à la moyenne nationale. Il s'agissait cependant moins d'une péréquation « horizontale » (entre collectivités de même niveau) que « verticale », alimentée par l'État. Le FNPTP a évolué en ce sens, jusqu'à ce que la loi de finances pour 2004 le supprime en tant que tel : une première fraction, devenue ***dotation de développement rural (DDR)*** avec la loi du 6 février 1992, est aujourd'hui une dotation budgétaire spécifique ; quant au Fonds national de péréquation (FNP) créé en 1995, il a simplement été basculé dans la DGF sous l'appellation de ***« dotation nationale de péréquation » (DNP)***.

La ***loi de finances pour 2013*** a modifié celle du 30 décembre 2009 qui, corrigée dès 2010, avait accompagné le remplacement de la TP par une péréquation, à compter de 2012, de la *croissance* de la cotisation sur la valeur ajoutée des entreprises ***(CVAE)***, en créant deux fonds nationaux, pour les régions et pour les départements. Ce dernier est alimenté par deux prélèvements (plafonnés tous deux à 1 % de la CVAE de chacun) aux dépens des ***départements*** au revenu par habitant supérieur au revenu médian et dont la CVAE de l'année précédente dépasse 90 % de la moyenne, le premier à hauteur de 30 M€ (le double en 2015) au total et le second (26,3 M€ en 2014) du surcroît annuel de CVAE par rapport à la moyenne ; il bénéficie aux DOM (4 M€) et à la moitié des départements métropolitains selon un indice de ressources et de charges en fonction surtout du revenu. Le *fonds national de péréquation des* ***régions*** *et de Corse* ne touche plus la seule CVAE mais également l'IFER et la compensation individuelle de la réforme (FNGIR et DCRTP) : les régions métropolitaines « gagnantes » (6, en 2014, pour 93 M€) sont contributrices, à hauteur de 50 % au maximum, au profit des régions d'outre-mer (8 M€) et des « perdantes ».

Des péréquations récentes touchant l'ensemble des impôts locaux

a) Le développement d'une politique de solidarité urbaine

La ***loi du 13 mai 1991*** a institué un mécanisme original et localisé, justifié par la spécificité francilienne, au profit des communes urbaines supportant des charges particulières mais aux ressources fiscales insuffisantes, le ***Fonds de solidarité des communes de la région Ile-de-France (FSRIF)***. Réformé en 1996, 1999, 2004, 2008, le FSRIF (174 M€ en 2010) était alimenté par deux prélèvements : l'un sur le produit des « quatre vieilles » des (77, en 2010) communes au potentiel *financier* supérieur d'au moins 25 % à la moyenne dans la région (145 M€) ; l'autre (29 M€) sur la taxe professionnelle de celles (8) dont les bases d'imposition par habitant dépassaient 3 fois – mais 3,5 fois pour les groupements à TP de zone et 2,5 fois pour la TP d'agglomération (la TPU y étant soumise depuis 2009) – la moyenne nationale. Puis la *loi de finances pour 2012* a supprimé la contribution des EPCI et assujetti les villes au potentiel simplement supérieur à la moyenne (139 en 2014) à un prélèvement proportionné à leur richesse et à leur population, plafonné (notamment au dixième des dépenses de fonctionnement, porté à 11 % en 2014) et calculé pour atteindre un montant total fixé par la loi (210 M€ en 2012, 230 M€ en 2013, 250 M€ en 2014, 270 M€ en 2015). Bénéficiant auparavant à la première moitié des villes de 10 000 habitants et plus (127) ainsi qu'aux premiers 18 % de celles d'au moins 5 000 habitants (20), classées selon leur « indice synthétique de ressources et de charges » – cet indice, surtout fonction du potentiel financier, mais aussi des logements sociaux et du revenu des habitants, sert également à calculer le montant de l'aide de chacune – le FSRIF est aujourd'hui reversé à toutes les communes de plus de 5 000 habitants à l'indice supérieur à la médiane (157 villes en 2013, 165 en 2014).

La ***loi de finances pour 2014*** et le décret du 19 mai 2014 ont prévu un ***Fonds de solidarité pour les départements de la région Ile-de-France***, aux ressources fixées à 60 M€, contributeurs et bénéficiaires étant séparés par le seuil de 95 % d'un indice synthétique médian (calculé en prenant en compte pour moitié le potentiel financier, pour un quart le revenu moyen et pour le reste RSA et aides au logement).

La ***loi du 6 février 1992*** avait créé, elle, un système de péréquation active destiné à éviter l'aggravation des disparités régionales, via un Fonds alimenté par un prélèvement progressif sur le produit des « quatre vieilles » des régions au potentiel financier supérieur à la moyenne, sauf en cas de taux de chômage élevé. De façon symptomatique, ce ***Fonds de correction des déséquilibres régionaux (FCDR)*** a été repris au sein de la DGF des régions instituée par la loi de finances pour 2004, dont il constitue la « dotation de péréquation ». Celle-ci bénéficiait (comme lui, auparavant) aux régions dont le potentiel fiscal par habitant était inférieur d'au moins 15 % à la moyenne ; depuis 2012, elle est servie aux régions à l'indicateur de ressources fiscales en deçà de la moyenne dont le produit intérieur brut par habitant est inférieur à 1,3 fois le PIB moyen (17 régions sur 26 en 2014). Les trois régions qui contribuaient au FCDR encaissent désormais tous leurs impôts mais voient la part forfaitaire de leur DGF diminuée d'autant. Restée horizontale, cette péréquation n'est donc plus fiscale.

b) L'accompagnement du remplacement de la taxe professionnelle

Outre la ***péréquation de la CVAE*** (et notamment des ***IFER des régions***, depuis 2013) entre régions et entre départements, la loi de finances pour 2010, modifiée les deux années suivantes, a prévu de généraliser la péréquation fiscale.

Le ***Fonds national de péréquation des droits de mutation à titre onéreux (DMTO) départementaux***, institué à compter de 2011 (440 M€, 458 M€ en 2012, 339 M€ en 2013, 348 M€ pour 2014), permet d'être à la fois contributeur (38 départements en 2013) – lorsque le volume des transactions immobilières taxées l'année précédente n'est pas trop en deçà de la moyenne – et bénéficiaire, puisque les prélèvements sont répartis entre tous les départements au potentiel financier (ou au revenu, depuis 2013) par habitant inférieur à la moyenne nationale (76 départements, dont 67 bénéficiaires nets, en 2013). Un premier prélèvement (dit « sur stocks ») est opéré lorsque le montant par habitant des droits perçus est supérieur aux trois quarts de la moyenne des départements ; progressif, il varie de 10 à 15 % de la fraction excédentaire. Le second (sur « flux ») a lieu quand, à la condition du premier prélèvement, s'ajoute une augmentation des DMTO, par rapport à la moyenne des deux années antérieures, dépassant le double de l'inflation prévue en loi de finances ; il est de la moitié de cet excédent. Tous deux sont plafonnés à 5 % des droits de l'année précédente.

La loi de finances pour 2014 et le décret du 19 mai 2014 ont créé (pour cette seule année) un ***« fonds de solidarité en faveur des départements »***, aux ressources constituées par 0,35 % du montant de l'assiette de tous les DMTO départementaux de 2013 – le prélèvement de chacun au titre des deux fonds étant plafonné à 12 % de ses DMTO de l'année précédente – et réparties en deux fractions : l'une (70 %) est servie à la moitié des départements la plus mal lotie en matière de compensation de leurs dépenses sociales obligatoires et l'autre (30 %) à ceux dont le potentiel fiscal est inférieur à la moyenne ou le revenu par habitant inférieur à 1,2 fois le revenu moyen ; bénéficier du fonds exige toutefois que son propre montant de DMTO n'ait pas été trop élevé.

La loi de finances pour 2011, corrigée, a créé un ***Fonds national de péréquation des recettes fiscales intercommunales et communales (FPIC)*** avec pour « objectif » une répartition, en 2016, de 2 % des ressources fiscales du secteur (TFB, TFNB, TH, CFE, CVAE, IFER), via une trajectoire fixée à 150 millions d'euros en 2012, 360 M€ en 2013, 570 M€ en 2014 et 780 M€ en 2015, dont une quote-part pour l'outre-mer (30 M€ en 2014). Sont contributeurs les communes et EPCI au potentiel financier *agrégé* par habitant supérieur à 90 % de la moyenne, le prélèvement – plafonné au dixième du produit fiscal, puis à 11 % en 2013 et désormais 13 % (FSRIF inclus) – étant corrélé à cet écart et à la population (ainsi, pour un quart aujourd'hui, qu'au revenu par habitant). Sous réserve d'un effort fiscal suffisant (porté de 0,75 à 0,8 en 2014 et 0,9 en 2015), bénéficient du FPIC 60 % des ***ensembles intercommunaux*** (2145 pour 2014) et une partie des communes isolées (51), classés selon un indice surtout fonction du revenu moyen des habitants.

2 Les péréquations financières se sont surtout développées au sein de la DGF

■ *Les péréquations à l'échelon départemental*

a) L'actuelle dotation de fonctionnement minimale

La ***loi du 29 novembre 1985*** avait créé, avec la deuxième version de la DGF, un concours particulier réservé aux départements – une douzaine, alors – de 200 000 habitants au plus et au potentiel fiscal inférieur à la moyenne, la « dotation de fonctionnement minimale » (DFM). Financée par un prélèvement sur l'enveloppe globale de la DGF départementale, la DFM était ainsi une forme (limitée) de péréquation horizontale, dont le nombre de départements bénéficiaires doubla lorsque la loi du 5 janvier 1988, tout en revoyant le paramètre des ressources, supprima le critère de la population.

La DFM a été doublement modifiée, d'abord indirectement quand ***la loi de finances pour 2004*** a fait disparaître le mécanisme, créé par la loi du 13 mai 1991, de « solidarité financière entre des départements contributifs » – ceux dont le potentiel fiscal était supérieur à la moyenne, qui supportaient un prélèvement direct, progressif et plafonné, sur leur propre DGF – « et des départements bénéficiaires », ceux déjà éligibles à la DFM, qui se trouvait ainsi abondée. Ensuite, et surtout, elle a été redéfinie par la ***loi de finances pour 2005*** : la DFM nouvelle (passée de 174 M€ en 2004 à 563 M€ en 2005), calculée selon le potentiel financier et la longueur de la voirie, est attribuée à tous les départements non « urbains », lesquels ne sont plus que 61 (en métropole) depuis 2012 (794 M€ en 2010, 777 M€ en 2012, 797 M€ en 2014).

b) La nouvelle dotation de péréquation urbaine

Les départements « urbains » sont définis dans le Code général des collectivités territoriales par deux conditions cumulatives, une densité supérieure à 100 habitants au kilomètre carré et un taux d'urbanisation supérieur à 65 %. L'éligibilité à la nouvelle « dotation de péréquation urbaine » (DPU : 555 M€ en 2008, 559 M€ en 2010, 617 M€ en 2012, 626 M€ en 2014), créée par la ***loi de finances pour 2005***, reposa d'abord sur un critère large – un potentiel financier ne dépassant pas le double de la moyenne – qui permettait de couvrir tous les départements concernés, comme pour la DFM ; toutefois, le critère du potentiel financier a été ramené à 1,5 fois la moyenne en 2009 (excluant Paris et les Hauts-de-Seine), puis la loi de finances pour 2012 a introduit le critère du revenu par habitant limité à 1,4 fois la moyenne. Les départements urbains sont classés selon un indice synthétique de ressources (leur potentiel financier par habitant) et de charges (bénéficiaires d'aides au logement et du RSA, revenu moyen des habitants), l'indice et la population déterminant le montant de la DPU de chacun. Il s'agit donc d'une péréquation purement verticale, où l'État majore son aide aux plus défavorisés.

■ *Les péréquations à l'échelon communal*

a) La dotation de solidarité urbaine et de cohésion sociale (DSU)

C'est encore la ***loi du 13 mai 1991*** qui avait institué une ponction sur la DGF de « communes contributives » (plus de 10 000 habitants, fort potentiel fiscal, faible nombre de logements sociaux) au profit de « communes bénéficiaires », aux ressources insuffisantes et aux charges élevées. Toutefois, le régime de la DSU – dont s'inspire la DPU – provient essentiellement de la loi du 26 mars 1996. Sont éligibles le premier dixième des communes de 5 000 à 9 999 habitants (116 villes en 2014, comme en 2013) et, au-delà, les trois premiers quarts (731 villes en 2013, 736 en 2014), toutes étant classées selon leur indice synthétique de ressources et de charges (potentiel financier, logements sociaux, aides au logement et revenu moyen des habitants). Indice, population et effort fiscal permettent de calculer l'attribution au titre de la DSU, devenue « dotation de solidarité urbaine et de cohésion sociale » avec la loi de programmation du 18 janvier 2005 (laquelle a prévu la prise en compte spécifique des zones urbaines sensibles – devenues « quartiers prioritaires de la politique de la ville » avec la loi du 21 février 2014 – et zones franches urbaines, ainsi qu'une progression de 120 M€ annuels pendant cinq ans, de façon que la DSU, un demi-milliard alors, ait doublé en 2009). La DSU a atteint 1,23 Md€ en 2010, 1,31 Md€ en 2011, 1,37 Md€ en 2012, 1,49 Md€ en 2013 et 1,55 Md€ en 2014.

La loi de finances pour 2009 a institué une ***dotation de développement urbain*** (50 M€, portés à 75 M€ pour 2013, puis à 100 M€ à compter de 2014), censée devenir « dotation politique de la ville » en 2015, qui est attribuée par le préfet pour les investissements (jusqu'en 2013) dans cent villes (120 depuis 2014) éligibles à la DSU, laquelle connaît d'autres abondements spéciaux.

b) La dotation de solidarité rurale (DSR)

La ***loi du 31 décembre 1993*** a créé la « dotation de solidarité rurale » (DSR), sorte de pendant de la DSU, en réformant l'ensemble de la DGF. La ***dotation de solidarité rurale*** (802 M€ en 2010, 852 M€ en 2011, 891 M€ en 2012, 917 M€ en 2013, 1 008 M€ en 2014) est réservée aux communes de moins de 10 000 habitants et à certains chefs-lieux d'arrondissement de moins de 20 000 habitants aux ressources insuffisantes pour toutes les charges nécessaires au maintien de la vie sociale en milieu rural. Une première fraction (373 M€, en métropole, 54 M€ allant outre-mer), en partie cumulable avec la DSU, fonction de l'éloignement des agglomérations, de la population, du potentiel financier et de l'effort fiscal, est surtout servie aux chefs-lieux de canton défavorisés. La deuxième fraction (503 M€), pour les communes au potentiel financier inférieur au double de la moyenne de leur strate démographique, intègre notamment longueur de la voirie et nombre d'élèves domiciliés dans la collectivité. La loi de finances pour 2011 a introduit une troisième fraction (42 M€, 79 M€ en 2014), répartie entre les dix mille communes de moins de 10 000 habitants au potentiel le plus faible, en fonction de ce potentiel et, depuis 2013, du revenu par habitant.

On ne confondra pas la DSR, dotation de péréquation non affectée, avec la ***dotation de développement rural***, instituée en 1992 mais modifiée par la loi de finances pour 2004. D'une part, la DDR (131 M€ depuis 2008) est réservée à certains groupements de communes à fiscalité propre, compétents en matière d'aménagement et de développement économique et qui n'excèdent pas 60 000 habitants. D'autre part, elle est distribuée par le préfet, après avis d'une commission d'élus, sous forme de subventions à la réalisation de projets. Sa fusion en 2011 avec la dotation globale d'équipement communale dans la nouvelle « dotation d'équipement des territoires ruraux » (DETR), pas plus péréquatrice, évitera toute confusion.

L'actuelle répartition des dispositifs pérennes de péréquation

		Nature	Montant 2013	Montant 2014
Dotation de solidarité urbaine et de cohésion sociale (C)	DSU	PV	1 491	1 551
Dotation de solidarité rurale (C)	DSR	PV	969	1 008
Dotation nationale de péréquation (C)	DNP	PV	774	784
Fonds départementaux de péréquation de la TP (C)	FDPTP	PV	430	430
Dotation de péréquation urbaine (D)	DPU	PV	790	797
Dotation de fonctionnement minimale (D)	DFM	PV	623	626
Dotation de péréquation des régions (R)		PV	193	193
Total péréquation verticale			5 270	5 389
Fonds national de péréquation des recettes fiscales intercommunales et communales (C)	FPIC	PH	360	570
Fonds de solidarité des communes de la région Ile-de-France (C)	FSRIF	PH	230	250
Fonds de solidarité des départements de la région Ile-de-France (D)		PH	—	60
Fonds de péréquation des DMTO départementaux (D)		PH	339	348
Fonds de péréquation de la CVAE des départements (D)		PH	60	56
Fonds national de péréquation des ressources des régions (R)		PH	23	93
Total péréquation horizontale			1 012	1 377

C = secteur communal ; D = départements ; R = régions ;
PV = péréquation verticale et PH = péréquation horizontale (distinction usuelle)

Les montants indiqués sont en millions d'euros.

NB : On ne confondra pas les dispositifs de péréquation et les dispositifs comprenant un aspect péréquateur, comme la *dotation d'intercommunalité* au profit des EPCI à fiscalité propre ou la *dotation de développement urbain*, par exemple.

Les emprunts des collectivités

Chapitre
7

Contrairement à l'État pour lequel il était traditionnellement considéré comme une ressource de trésorerie destinée à financer le déficit budgétaire, l'emprunt est pour les collectivités locales – soumises, elles, au principe d'équilibre – une recette inscrite dans la section d'investissement du budget. Si son régime a été libéralisé en 1982, le recours à l'emprunt (récemment relancé) ne s'est pas pour autant accru à l'excès. Les emprunts financent le quart environ des dépenses d'équipement locales.

1 Le recours à l'emprunt a été juridiquement libéré

■ *La décision d'emprunter*

a) La compétence de l'assemblée

La loi du 2 mars 1982 a à la fois supprimé la tutelle préfectorale et fait disparaître le système dit « du lien prêt-subvention », selon lequel une collectivité territoriale ne pouvait obtenir un des prêts à taux privilégiés offerts par la Caisse des dépôts et consignations (CDC) que si l'État avait préalablement décidé de subventionner son projet d'équipement. La décentralisation de 1982 a ainsi consacré la compétence de principe des assemblées délibérantes locales. Il est toutefois exclu que l'emprunt, soumis à publicité seulement au-delà d'un certain seuil, soit affecté au remboursement de la dette. Ces recettes sont ***réservées aux dépenses d'investissement*** non imprévues.

L'assemblée doit déterminer elle-même le prêteur ainsi que les diverses conditions financières de l'emprunt (ou de la renégociation de la dette), notamment son taux, sa durée, les modalités et les échéances de son remboursement ou de sa mise à disposition. Cependant, elle peut aujourd'hui déléguer à l'exécutif le pouvoir non seulement de parfaire la réalisation de l'emprunt mais encore de renégocier les prêts.

b) Le contrôle de l'État

Les délibérations locales, exécutoires dès qu'elles ont été publiées et transmises aux services du représentant de l'État, répondent au droit commun. Un déféré préfectoral n'est possible que si l'assemblée a illégalement délégué trop de compétences à l'exécutif territorial ou si, par exemple, le prêt ne mentionne pas, contrairement aux prescriptions de la loi du 28 décembre 1966, le taux effectif global (TEG).

Toutefois, il existe une dérogation théorique à la suppression de l'approbation étatique préalable : le Code général des collectivités territoriales dispose que sont soumis à autorisation les gros ***emprunts émis par voie de souscription publique***, seul un arrêté ministériel permettant aux collectivités de souscrire un emprunt obligataire au-delà de 76 M€. En revanche, la loi du 28 décembre 1999 a abrogé les dispositions du Code qui limitaient également la possibilité d'emprunter à l'étranger.

Le rôle de l'État tient donc essentiellement au contrôle budgétaire – renforcé ces dernières années – auquel participent les chambres régionales des comptes, dès lors que le remboursement de la dette a évidemment le caractère d'une dépense obligatoire.

■ *Le choix du prêteur*

a) Les autres collectivités locales

Une collectivité locale seule ne saurait en principe s'ériger en organisme prêteur, même sans intention spéculative. Les opérations de banque effectuées à titre habituel sont en effet réservées par la loi du 26 janvier 1984 aux établissements de crédit. Cependant, la jurisprudence – pas plus que le principe d'unité de trésorerie rappelé par l'article 26 de la LOLF du 1er août 2001 – n'interdit nullement tout prêt entre collectivités. Elle en admet le principe dès lors qu'il s'agit d'une opération ponctuelle légalement justifiée par un intérêt propre (excluant la recherche du profit) au bailleur de fonds ; ceci suppose, d'une part, que le prêt soit normalement rémunéré et, d'autre part, que le projet d'équipement ainsi financé présente une utilité pour la collectivité prêteuse elle-même.

b) Les établissements de crédit

Le contrat de prêt entre une collectivité locale et un établissement bancaire relève du droit privé, même s'il contient une clause l'engageant à augmenter ses recettes fiscales pour assumer au besoin le remboursement des annuités.

Traditionnellement monopolisé par le groupe CDC, l'emprunt local a lentement évolué pendant plusieurs décennies : les réseaux du Crédit Agricole puis du Crédit mutuel, notamment, y ont acquis une place non négligeable, à l'instar des Caisses d'épargne à partir de 1950, la CDC étant bientôt épaulée par la Caisse d'aide à l'équipement des collectivités locales, établissement public créé en 1966 et transformé en société anonyme en 1987 sous le nom de Crédit local de France. Mais le marché s'est ouvert au cours des années quatre-vingt à l'ensemble des établissements de crédit, y compris des banques d'affaires (parfois étrangères), fût-ce passagèrement. L'actuelle diversité des prêteurs est le reflet des transformations économiques du secteur.

2 Le poids de l'emprunt a économiquement diminué

■ *Les causes de la diminution de l'emprunt*

a) La maîtrise de l'inflation

Jusqu'au début des années quatre-vingt, l'inflation (qui atteignit 14 % début 1981) était supérieure aux taux d'intérêt pratiqués par les établissements bancaires, son niveau la situant presque au double de ces derniers. Le recours à l'emprunt était alors d'autant plus normal, ou aisé, que la hausse des prix en réduisait le coût réel. Inversement, la maîtrise de l'inflation a conduit à une explosion des frais financiers et à une profonde remise en question de la place de l'emprunt. La charge de la dette allant croissant (jusqu'en 1993), certaines villes se sont même trouvées dans des situations de quasi-insolvabilité et l'on a pu parler de surendettement. C'est vers une augmentation de la pression fiscale que les collectivités territoriales se sont globalement orientées, jusqu'au milieu des années quatre-vingt-dix, dès lors que l'investissement local continuait de croître. La part de l'emprunt dans la couverture des dépenses d'équipement (presque 50 % encore en 1986-1987) a ainsi chuté, passant de près de 66 % en 1983 à environ 33 % dix ans plus tard.

b) La concurrence entre prêteurs

Du point de vue économique, la concurrence entre établissements de prêt s'est réellement développée depuis les années 1986-1987, notamment après que la Caisse des dépôts et consignations (qui bénéficiait des ressources jusqu'alors importantes tirées des dépôts sur les livrets A) a dû renoncer à offrir aux collectivités ses prêts à taux privilégiés. L'ensemble des banques ont alors pu proposer leurs services, bien que nombre d'entre elles se soient rapidement dégagées d'un marché moins sûr qu'elles ne l'avaient parfois cru. Quand le groupe CDC-Caisses d'épargne-CAECL en assumait à lui seul les trois quarts en 1986, les rôles ont été modifiés et la première place est, de loin, acquise au groupe Dexia – holding franco-belge absorbant, en 1996, un Crédit local de France privatisé – jusqu'à la crise financière internationale. Si Dexia fut sauvé par les États en octobre 2008, son démantèlement a néanmoins été lancé fin 2011, pour éviter sa faillite, tandis que la CDC (aidée de la Banque Postale) était appelée à épauler l'État pour le remplacer auprès des collectivités. Après un accord conclu en novembre 2012, Dexia a été recapitalisé pour la troisième fois, par la France et la Belgique, à hauteur de 5,5 Md€ (de peur d'un dépôt de bilan estimé à 50 Md€).

Il reste que les prêts aux collectivités locales sont aujourd'hui banalisés. La multiplicité des produits – y compris ceux dits « structurés », ou « toxiques », que la crise a révélés (puis certains juges annulés) et pour le refinancement desquels la loi de finances rectificative du 29 décembre 2012 a créé un fonds de soutien aux collectivités doté de 50 M€, portés à 100 M€ annuels pendant quinze ans par la loi de finances pour 2014 – en témoigne, qui couvre les taux révisables, les annuités variables et autres possibilités de modulation de la durée du prêt. Cette concurrence a permis aux collectivités le développement et la généralisation d'une ***gestion active de la dette***, par une renégociation constante auprès des différents organismes bancaires.

La loi de séparation et de régulation des activités bancaires du 26 juillet 2013 insère de nouvelles dispositions dans le Code général des collectivités territoriales qui, d'une part, obligent à couvrir le risque de change lorsqu'un emprunt n'est pas libellé en euros et encadrent l'indexation des taux variables ; et, d'autre part, autorisent les collectivités locales à créer pour leur compte une ***agence de financement*** sous forme d'une société publique filialisée.

■ *Les enjeux du moindre recours à l'emprunt*

a) La croissance de l'autofinancement

Depuis la fin des années quatre-vingt-dix, les collectivités locales disposaient, dans leur ensemble (c'est-à-dire malgré certaines situations individuelles), d'importantes marges de manœuvre financières. La forte reprise de la croissance économique a, en son temps, entraîné une augmentation mécanique de leurs recettes fiscales, sans que la hausse des taux – sensible, cependant, jusqu'en 1996 – n'en soit plus la cause : la pression fiscale s'est globalement ralentie, de 1997 à 2002, pour toutes les catégories de collectivités.

L'année 2004 avait révélé une baisse sensible du niveau d'épargne général, due aux départements et aux régions, qui ont dès lors relancé la pression fiscale en 2005. L'effort d'équipement local, qui avait considérablement reculé depuis 1993, aura pu reprendre sans que les emprunts (10,8 milliards en 2000, 11,6 en 2001) n'augmentent trop. Amorcé en 2003, le recours accru à l'emprunt – 18,6 milliards en 2004, 17 en 2006, 19 en 2008, 19,3 en 2009, mais 16 Md€ en 2010 et 15,8 Md€ en 2011 (dont 6,5 pour les communes, 3,9 pour les départements et 2,8 pour les régions) – ne fait qu'accompagner la reprise de l'investissement des collectivités.

L'***épargne de gestion*** (recettes de fonctionnement moins dépenses de fonctionnement) des collectivités reste supérieure à 29 milliards d'euros annuels depuis 2000 – elle a atteint 34 Md€ en 2010, 37 Md€ en 2011 et près de 36 Md€ en 2012 – et l'***épargne brute*** (une fois déduits les quelque 4 milliards d'intérêts de dette, *l'épargne nette* étant calculée après déduction des 12 milliards environ de remboursement du capital) leur permet de dégager une importante capacité d'autofinancement. L'***autofinancement*** est la principale ressource d'investissement de chacune des catégories de collectivités locales (31,4 milliards en 2012, dont 5,4 pour les régions, 7,6 pour les départements et 12,9 pour les communes, après 32,9 Md€ en 2011).

b) Le désendettement

Le désendettement a caractérisé la période 1997-2002 : l'évolution de la dette (les emprunts nouveaux moins les remboursements) est à nouveau positive pour l'ensemble des collectivités locales depuis 2003 – + 2,3 milliards d'euros en 2004, + 4,8 en 2006, + 7,5 en 2008, + 7,3 en 2009 mais + 4 en 2010 et + 4, 8 en 2012 (dont 1,4 Md€ pour les communes, 0,7 pour les départements et 1,1 pour les régions) – alors qu'elle fut négative à partir de 1996. Quand la dette se réduisait de 1 à 2 milliards chaque année, sous l'impulsion essentiellement des grandes villes, elle croît maintenant nettement, passant d'environ 80 milliards en 2004 à près de 100 milliards fin 2006 (11,2 pour les régions, 20,5 pour les départements, 53,5 pour les communes et 13,6 pour les groupements), soit le niveau du début des années quatre-vingt-dix. Certes, la dette avait pratiquement triplé entre 1980 et 1995, gonflant de 37 à 104 Md€ d'euros toutes collectivités confondues. Et le ratio dette/recettes de fonctionnement des collectivités territoriales décroissait sensiblement (0,77 en 2000, 0,65 en 2004, 0,62 en 2006), comme diminuaient frais financiers et intérêts de la dette. Mais la baisse des frais, continue depuis dix ans, a été stoppée en 2006, les intérêts atteignant 3,8 Md€, puis 4,6 fin 2008, 4,1 fin 2009, 3,9 fin 2010, 4,3 fin 2011 et 4,46 Md€ (dont 2,25 Md€ à la charge des communes, 940 M€ des départements et 600 M€ des régions) fin 2012, pour une dette totale des collectivités locales de 132,5 Md€ (dont 61,4 Md€ pour les communes, 31,1 Md€ pour les départements et 19,1 Md€ pour les régions), soit 70 % de leurs recettes de fonctionnement.

Ces évolutions sont d'autant plus importantes que les règles relatives à l'Union économique et monétaire européenne intègrent les administrations publiques locales (APUL) dans le champ des critères de convergence et imposent à chaque État-membre une dette limitée à 60 % du Produit Intérieur Brut et un déficit à 3 %. En 2004, pour la première fois depuis 1995, les APUL françaises ont eu un besoin de financement d'environ 2 Md€ : il a ensuite atteint 3,3 milliards en 2005, 4,6 milliards en 2006, 7,2 en 2007 et 9,4 Md€ fin 2008, avant de décroître sensiblement, de 5,9 Md€ en 2009 à 1,4 en 2010 et 0,9 en 2011, pour remonter en 2012 à 3,7 Md€ et, surtout, à 9,2 Md€ en 2013. Leur dette en revanche n'a cessé de croître, passant de 146 milliards fin 2008 à 161 milliards fin 2010, puis 166,3 Md€ fin 2011, 176,1 Md€ fin 2012 et 182,3 Md€ fin 2013, bien que stabilisée à moins du dixième de la dette publique.

FOCUS : les « emprunts toxiques »

L'affaire des « emprunts toxiques », révélée avec la crise de 2008 et la déconfiture de Dexia, continue d'engendrer réponses juridiques et politiques. Par exemple, une subvention exceptionnelle de 4,5 M€ a été attribuée par l'État, après avis de la chambre régionale des comptes d'Ile-de-France, au Département de Seine-Saint-Denis fin 2013. Les TGI de Nanterre, dès 2013, et de Paris ont annulé plusieurs contrats en 2014 pour défaut de mention du taux effectif global ou défaut d'information et de conseil. Une première tentative de validation législative, l'État étant actionnaire de Dexia et de la Société de Financement Local (SFIL) créée pour s'y substituer, a été censurée par le Conseil constitutionnel. En mai 2014, le Sénat a voté à cet égard un projet de loi spécifique, étendant la validation aux offices publics d'HLM et aux hôpitaux. La loi de modernisation de l'action publique territoriale et d'affirmation des métropoles du 27 janvier 2014, elle, a expressément étendu l'obligation de provisionnement « pour risques liés à la souscription de produits financiers », même s'il ne s'agit que de ceux souscrits à compter du 1er janvier 2014. Parallèlement, l'Agence France Locale a été lancée en octobre 2013 par une douzaine de collectivités de tous niveaux, scindée en une société « territoriale » (chargée de la stratégie) dont elles détiennent tout le capital et une société « opérationnelle » (sa filiale) assumant la levée des fonds et l'octroi des prêts.

Les recettes complémentaires

CHAPITRE 8

Les ressources complémentaires – celles qui ne proviennent ni de l'impôt, ni de dotations, transferts ou subventions, ni de l'emprunt : les produits des domaines ou des services – représentent au total une vingtaine de milliards d'euros en fonctionnement (moins de 10 % des recettes locales) et le quart en investissement. Les recettes marchandes, bénéficiant surtout au secteur communal (une quinzaine de milliards), varient considérablement d'une collectivité à l'autre.

1 Les communes peuvent tirer du Domaine des recettes non négligeables

■ Les produits du domaine privé

a) L'aliénation

Si le domaine public est inaliénable, les biens d'une collectivité locale qui ne sont pas affectés à l'usage direct du public ou d'un service public, ni spécialement aménagés à cet effet, peuvent en principe être vendus. Il faut cependant que cette décision soit inspirée par l'intérêt de la collectivité, intérêt qui peut naturellement n'être pas purement financier. Le bénéfice doit être inscrit en ***recettes d'investissement***. Le prix de vente à une personne poursuivant des fins d'intérêt privé est normalement celui de la valeur du bien ; la jurisprudence administrative admet cependant qu'il soit dérogé à cette règle lorsque la collectivité peut arguer d'un motif d'intérêt général et de contreparties réellement suffisantes (par exemple la création d'emplois).

La décision d'aliéner relève de la compétence exclusive de l'assemblée délibérante, le juge pouvant vérifier qu'elle n'a commis aucune erreur manifeste d'appréciation dans la gestion de son patrimoine. La loi du 8 février 1995 modifiée a imposé aux collectivités de plus de 2 000 habitants une délibération motivée sur les caractéristiques de la vente, après avis du service compétent de l'État, et une délibération annuelle sur un bilan des acquisitions et cessions.

b) L'exploitation

Le Code général des collectivités territoriales dispose que la location – comme la vente – de bâtiments ou de terrains à une entreprise doit se faire aux conditions du marché, sauf à consentir rabais et aides diverses, régies maintenant par le décret du 30 décembre 2009. Les recettes provenant de l'exploitation du domaine sont par hypothèse extrêmement variées selon les catégories de collectivités, voire au sein même de chacune.

Les collectivités urbaines, en particulier, disposent parfois d'un important patrimoine immobilier et pourront tirer quelques revenus des loyers. À cet égard, les contestations éventuelles relèveront en principe du juge judiciaire.

Les communes rurales bénéficient fréquemment des fermages comme de l'exploitation, souvent avantageuse, des terrains boisés, ou encore des droits de chasse ou de pêche. Il peut alors s'agir de l'exploitation du domaine public lui-même.

■ *Les produits du domaine public*

a) L'occupation privative

Il y a occupation privative du domaine public lorsque l'usager est individualisé et dispose d'un titre légal de nature conventionnelle, comme la concession de voirie (par exemple en matière d'affichage publicitaire), ou accordé unilatéralement, comme la permission de voirie (pour les kiosques, terrasses...). Le titulaire de l'autorisation d'occupation temporaire devra une redevance – la jurisprudence considérant que le domaine constitue une richesse que les collectivités ont le devoir d'exploiter au mieux – établie en fonction non seulement de l'étendue de l'occupation mais aussi du bénéfice qu'elle induit. La loi précise le régime de certaines redevances, dues pour le transport et la distribution de l'électricité et du gaz, dans le cas des concessions funéraires ou encore les droits de place perçus sur les halles et marchés communaux ou, aujourd'hui, pour l'usage des abattoirs publics. Par ailleurs, malgré l'inaliénabilité du domaine public, la loi du 5 janvier 1988 a permis aux collectivités locales de conclure des baux emphytéotiques administratifs, en vue d'une mission de service public ou d'une opération d'intérêt général.

Après plusieurs contentieux (et des solutions jurisprudentielles divergentes) entre l'État et des Conseils généraux, qui lui réclamaient une redevance, la loi de finances pour 2008 a prévu que les départements recevraient une part des fruits des radars automatiques (alors prélevée sur les recettes étatiques, soit 30 M€ répartis au prorata de la longueur de leur voirie).

Fin mars 2014, le Conseil d'État a jugé que les distributeurs de billets et les commerces ouverts sur le trottoir (mais non installés sur le domaine public) ne pouvaient être soumis à redevance en refusant d'assimiler le temps des transactions à un usage privatif.

b) L'accession payante

L'utilisation anonyme et collective du domaine public est en principe gratuite, mais certains textes autorisent expressément la perception, par les collectivités locales, d'une contribution auprès des usagers, visiteurs et autres. Ainsi, le Code général des collectivités territoriales prévoit que le conseil municipal fixe, en tant que de besoin, la contribution due à raison de l'utilisation des locaux communaux par les associations, syndicats ou partis politiques. Il offre également aux communes concernées la faculté d'instituer une redevance pour l'accès aux pistes de ski de fond balisées ou, depuis 2006, aux sentiers à pratiquer en raquettes ; et la loi du 12 mai 2009 a permis au maire d'instaurer une ou deux fois par an un droit d'accès aux manifestations culturelles sur la voie publique. De même, la loi du 31 décembre 1913 permet aux collectivités propriétaires d'un monument historique d'établir un droit de visite du mobilier classé. Enfin, il y a longtemps qu'a été admise la légalité du stationnement payant, des tarifs préférentiels pouvant être accordés aux riverains ; sa dépénalisation a été consacrée par la loi du 27 janvier 2014, avec la création de la « redevance de stationnement des véhicules sur voirie ». Les ouvrages d'art à péage (ou les « péages urbains » dont la loi du 12 juillet 2010 autorise l'expérimentation) relèvent de la même logique.

2 La gestion des services publics locaux n'a pas le profit pour finalité

■ *La rémunération des services*

a) La création des redevances

Le principe de la légalité fiscale ne réservant au Parlement que la détermination des impositions de toute nature, les collectivités locales ont traditionnellement la faculté de créer des ***redevances pour service rendu***, même sans habilitation législative.

Ce type de recettes est évidemment quasi inexistant pour les régions, et assez faible pour les départements. Il est en lui-même indépendant du mode de gestion du service public, sachant que certains secteurs font l'objet d'une large « privatisation » en étant très majoritairement délégués à des entreprises privées (eau et assainissement, chauffage urbain, en particulier).

La légalité d'une telle redevance suppose la réunion de trois conditions, déclinant toutes trois sa fonction de ***contrepartie directe***. Il faut, d'abord, que le service ne profite qu'à certains administrés, qui auront avec lui un lien statutaire ou contractuel déterminant leur qualité d'usager effectif. Il faut, ensuite, que le service ait bien été rendu préalablement, ce qui interdit en principe tout paiement par anticipation. Il faut, enfin, que les tarifs soient établis non seulement en fonction du service (et non d'un autre élément) mais encore selon l'importance de la prestation, notamment son coût : c'est le critère dit classiquement « de l'équivalence ».

b) La limitation des redevances

Le critère de l'équivalence n'est pas synonyme de stricte proportionnalité entre le prix de revient du service pour la collectivité et le tarif demandé aux usagers. Il n'est que la conséquence du fait qu'une redevance ne saurait normalement avoir d'autre finalité que la couverture des charges du service, de ses frais d'équipement ou d'entretien – afin d'en préserver la pérennité – puisque le but du service public n'est pas le profit. En l'absence de toute proportionnalité entre tarif et prix de revient, le juge requalifiera la redevance en taxe fiscale et, faute d'habilitation législative, en censurera l'institution par l'assemblée locale.

Corrélativement, le prix de revient du service constitue en principe le plafond légal des tarifs, la règle de l'équivalence étant ici la traduction de l'interdiction du bénéfice à laquelle veille le juge administratif. Toutefois, en juillet 2007, le Conseil d'État a jugé qu'elle n'empêche pas, selon les caractéristiques du service, de tenir compte de la ***valeur économique de la prestation*** pour son bénéficiaire et que le montant de la redevance peut alors excéder son coût.

Il reste que, depuis l'entrée en vigueur de l'ordonnance du 1er décembre 1986, les prix de tous les services publics locaux sont libres, sauf les tarifs des transports urbains, qui ne le sont que depuis l'été 2005, et des cantines scolaires, depuis la rentrée 2006 seulement, tarifs dont l'augmentation annuelle était auparavant plafonnée par arrêté ministériel.

■ *La tarification des services*

a) Le principe d'égalité devant le service public

Tous les services publics locaux sont évidemment soumis au principe d'égalité, mais le principe d'égalité n'implique nullement que les tarifs soient identiques pour tous les usagers.

La plupart des communes pratiquent des tarifs variés, par justice sociale ou pour maintenir la prestation au moindre coût malgré l'absence de rentabilité de nombreux services publics administratifs (SPA) facultatifs. La jurisprudence administrative considère que des ***discriminations tarifaires*** ne sont légalement admissibles que si elles sont la conséquence soit de différences de situation appréciables entre les usagers du service, soit d'une nécessité d'intérêt général en rapport avec les conditions d'exploitation du service ou de l'ouvrage. Ainsi, le critère du ***domicile*** hors commune permet en principe de faire payer un prix plus élevé à cette catégorie d'usagers, encore que le juge préfère l'idée d'absence de lien particulier avec la collectivité pour fonder cette discrimination. Tout aussi fréquemment utilisé pour les SPA facultatifs, le critère des ***ressources*** des usagers n'a longtemps été admis que pour les services sociaux (crèches, centres de loisirs...) et ce n'est qu'en décembre 1997 que le juge a accepté, au nom de l'intérêt général, son extension aux services culturels, consacrée par la loi.

b) Le principe d'équilibre des services publics industriels et commerciaux

Dans le cas des services publics industriels et commerciaux (SPIC) – qu'ils soient exploités en régies, affermés ou concédés – les tarifs doivent permettre d'atteindre l'équilibre en recettes et en dépenses, conformément à l'exigence rappelée par le Code général des collectivités territoriales : un taux de redevance insuffisant sera donc jugé illégal. La loi interdisant au surplus toute subvention d'équilibre provenant du budget général de la collectivité (y compris si le gestionnaire du service est elle-même ou un groupement de communes), son illégalité entachera le taux lui-même puisqu'il aura ainsi été sous-évalué par rapport au prix de revient du service.

Toutefois, la loi du 5 janvier 1988 a permis à la commune, c'est-à-dire au contribuable, de prendre en charge des dépenses d'un SPIC, soit lorsque les exigences du service public l'ont conduite à imposer des contraintes particulières de fonctionnement, soit lorsque ce fonctionnement implique des investissements qui, en raison de leur importance et eu égard au faible nombre d'usagers, ne pourraient être financés sans augmentation excessive des tarifs. En outre, la loi du 12 avril 1996 a levé l'interdiction des subventions d'équilibre pour les services d'eau ou d'assainissement des communes de moins de 3 000 habitants et les lois de finances pour 2006 ont fait de même pour les cinq ou quatre premiers exercices de tous les services d'assainissement non collectif ou des services d'élimination des déchets.

FOCUS : le financement de l'enlèvement des ordures ménagères

On assiste depuis le « Grenelle de l'environnement » à un rapprochement du régime juridique des deux moyens de financement spécifique du service, la ***redevance*** et la ***taxe***. Ainsi, le Conseil d'État a jugé fin mars 2014 que, la TEOM ayant exclusivement pour objet de couvrir les dépenses exposées pour l'enlèvement et le traitement des ordures ménagères, son produit et donc son taux ne doivent pas être « manifestement disproportionnés » par rapport au montant de ces dépenses (estimé à la date de la délibération), sachant par ailleurs que la TEOM ne peut pas financer l'élimination des déchets ***non ménagers*** : l'instauration de la « redevance spéciale » prévue par le Code général des collectivités territoriales (148 M€ en 2012) est obligatoire en l'absence de REOM. Cette logique de proportionnalité, que la fiscalité exclut d'ordinaire et qui caractérise normalement la « redevance » (alors même que la REOM peut comprendre une part fixe), est surtout soulignée par l'existence possible, dans la TEOM, d'une part variable : on la dit « incitative » car elle doit induire des *comportements* ; ainsi, la pratique du tri sélectif est encouragée par une taxation augmentant avec le volume, le poids ou le nombre d'enlèvements (comme l'a encore précisé la loi de finances pour 2014 : art. 1522 *bis* CGI) de déchets ménagers.

PARTIE 3

Les particularités budgétaires

Les principes budgétaires classiques

Chapitre 9

Les principes budgétaires gouvernant traditionnellement la présentation et la gestion des finances de l'État s'imposent aux finances locales, sous réserve de plusieurs dérogations. Certaines seulement sont reprises du niveau étatique, d'autres sont plus étendues, quelques règles – notamment l'intervention possible des experts financiers que sont les chambres régionales des comptes – étant propres aux collectivités locales.

1 Le budget rassemble normalement l'ensemble des recettes et des dépenses

■ *Le principe d'unité budgétaire*

a) Les budgets annexes

L'unité budgétaire signifie que les élus locaux doivent pouvoir contrôler la totalité des ressources et des charges de la collectivité, à travers l'approbation d'un document unique en offrant une vision d'ensemble. Comme pour l'État, certains comptes peuvent néanmoins être individualisés dans un budget annexe pour faciliter leur gestion.

En principe, le budget annexe isole dans une comptabilité propre une activité de production de biens ou de fourniture de services assurée, moyennant paiement d'un prix, par la collectivité locale elle-même.

Cette formule peut être rendue obligatoire par la loi. C'est notamment le cas des services d'eau et d'assainissement, régis par une instruction budgétaire spéciale. Plus généralement, le Code général des collectivités territoriales prévoit que les services publics à caractère industriel et commercial doivent être équilibrés en recettes et en dépenses et interdit, sauf cas particuliers, leur prise en charge par le budget général.

Inversement, la jurisprudence tient pour illégale la création d'un budget annexe non autorisée par une disposition législative ou réglementaire dérogeant au principe d'unité budgétaire.

b) Les budgets autonomes

Contrairement aux budgets annexes, les « budgets autonomes » retracent les opérations d'une personne morale distincte de la collectivité locale, qui peut être de droit public – ainsi des centres communaux d'action sociale (CCAS) et des offices publics d'HLM ou d'aménagement et de construction (OPAC), qui ont dû fusionner pour former la catégorie nouvelle des offices publics de l'habitat – ou même de droit privé, comme c'est le cas des sociétés d'économie mixte locale ou des « sociétés publiques locales » créées par la loi du 28 mai 2010, ou encore des associations « para-administratives » à travers lesquelles les collectivités gèrent un service public.

Si leurs activités ne sont pas (ou plus) assumées par la collectivité, elles restent normalement au moins d'intérêt général. La débudgétisation que constitue cette « satellisation » des collectivités territoriales, singulièrement des communes, n'est pas intrinsèquement illégale, les élus devant seulement être informés des relations financières qu'elle engendre. Toutefois, le financement de certaines missions, non délégables soit par nature (comme la police pour les communes), soit en vertu de la loi (par exemple l'action sociale des départements), ne saurait relever que du budget général de la collectivité.

■ *Le principe d'universalité budgétaire*

a) La règle de la non-contraction entre recettes et dépenses

Composante première du principe d'universalité, la règle fondamentale de la non-contraction, dite encore « du produit brut », implique que les élus aient connaissance du détail de l'ensemble des opérations financières, tous les produits devant être intégralement présentés et adoptés.

Cette règle est globalement respectée, même si une tolérance traditionnelle permet aux communes forestières de ne pas reprendre dans leurs documents budgétaires le produit des coupes de bois destinées au chauffage de leurs services. L'unique dérogation véritable concernait les budgets annexes, puisque seul leur résultat était inscrit dans le budget principal de la collectivité. Cette obligation de le reprendre dans deux articles, en recettes et en dépenses, a été abrogée à compter de l'exercice 2006.

b) La règle de la non-affectation des recettes aux dépenses

Contrairement à l'État, l'interdiction d'affecter certaines recettes à tel ou tel service ou dépense – qui constitue le second pilier du principe d'universalité – connaît ici de nombreuses dérogations, permises voire imposées par la loi.

Certaines hypothèses ne sont pas l'apanage des finances locales : ainsi les budgets annexes ont, par définition, leurs ressources propres ; par ailleurs, les dons et legs aux collectivités doivent normalement être utilisés conformément à l'intention de la partie versante.

En revanche, l'emprunt, qui est une ressource budgétisée, ne peut financer que des opérations non imprévues relevant de la section d'investissement.

Les subventions spécifiques, notamment de l'État, sont naturellement réservées à l'objet pour lequel elles ont été accordées. Surtout, sont obligatoirement affectées certaines dotations étatiques légales (par exemple pour l'équipement des lycées et collèges) ainsi que le produit de plusieurs taxes (essentiellement indirectes, mais aussi directes comme la taxe d'enlèvement des ordures ménagères).

2 Le budget de la collectivité est voté chaque année par chapitre ou par article

■ *Le principe d'annualité*

a) Le moment du vote

La ***règle de l'antériorité du vote sur le début de l'exercice*** ne s'applique pas rigoureusement aux collectivités locales dès lors que le « budget primitif » pouvait être voté jusqu'au 31 mars, voire le 15 avril les années électorales (ainsi qu'en 2010, 2011 et 2012, en raison de la réforme de la fiscalité professionnelle) ; c'est cette date du 15 avril (avec un éventuel report au 30 avril) que la loi de finances rectificative du 29 décembre 2012 a systématisée à compter de 2013. Ce délai, justifié par la nécessité d'obtenir de l'État certaines informations financières indispensables, sera repoussé tant qu'elles n'auront pas été communiquées à l'organe délibérant, lequel disposera alors de quinze jours supplémentaires pour arrêter le budget.

Faute d'adoption du budget au terme du délai légal, le préfet doit saisir la chambre régionale des comptes afin qu'elle lui fasse (publiquement) des propositions pour son règlement d'office. Le conseil de la collectivité ne sera néanmoins dessaisi de ses compétences budgétaires qu'à partir de la saisine effective de la juridiction, les délais n'étant pas prescrits à peine de nullité.

De ***nouvelles autorisations budgétaires en cours d'exercice*** sont évidemment possibles, d'abord grâce au « budget supplémentaire » : comme les lois de finances rectificatives pour l'État, il s'agit d'un budget d'ajustement ; en revanche, voté après l'arrêté des comptes de l'exercice précédent, il constitue aussi un budget de report. Un seul par an étant permis, des « décisions modificatives » pourront concerner une opération ponctuelle, y compris pour régulariser des dépassements de la section de fonctionnement jusqu'à vingt et un jours après la fin de l'exercice.

b) La portée du vote

Si le principe d'annualité suppose en théorie que le budget n'est valable que pour une année civile, le 31 décembre n'est pas une indépassable date butoir pour l'exécution du budget. Le classique système comptable de la « ***journée complémentaire*** » permet ainsi de prolonger jusqu'à la fin janvier l'exécution des opérations de fonctionnement. En outre, les « restes à réaliser » font l'objet d'un ***report de crédits***, automatique pour la section d'investissement ou à condition, pour la section de fonctionnement, que ces crédits aient déjà été engagés.

Toutes les collectivités d'au moins 3 500 habitants ont la faculté de se doter d'***autorisations de programme*** : il s'agit d'enveloppes pluriannuelles, révisables, permettant d'engager d'emblée d'importants ***investissements***, l'effort financier étant réparti sur plusieurs exercices au cours desquels ne seront mandatés que les seuls « crédits de paiement » inscrits dans chacun des budgets successifs. À l'instar de l'État, via les ***autorisations d'engagement***, certaines dépenses de ***fonctionnement*** – hors personnel – des départements et des régions (loi du 19 février 2003), ainsi que des communes (ordonnance du 26 août 2005), peuvent suivre le même régime.

■ *Le principe de spécialité*

a) Le chapitre, unité normale du vote

La spécialité signifie que ne pourront être réalisées que des dépenses dont l'objet et le montant ont été préalablement approuvés par l'organe délibérant.

Le Code général des collectivités territoriales dispose que les crédits sont votés par chapitre ou, si le conseil en décide ainsi, par article. Contrairement à l'État, le chapitre budgétaire est donc resté non seulement l'unité de classement des autorisations de dépenses mais encore l'unité de vote normale du budget.

Toutefois, la jurisprudence administrative tient pour légal un vote par section en admettant que, si les crédits doivent obligatoirement être présentés et sont considérés comme adoptés par chapitre, un vote formel sur chacun d'eux n'est pas nécessaire ; à condition cependant que l'assentiment de la majorité ait pu être constaté après un débat effectif. Cette importante nuance ne vaut que pour les conditions d'adoption du budget : les crédits restent spécialisés par chapitre.

b) Le chapitre, cadre de l'exécution du budget

Lors de l'exécution du budget, le principe de spécialité empêche l'ordonnateur d'opérer des ***virements de crédits*** d'un chapitre à l'autre – voire d'un article à l'autre, si le conseil a ainsi voté et spécialisé le budget – sans l'accord préalable de l'organe délibérant, manifesté par l'adoption d'une décision modificative : le maire pourra seulement opérer des virements d'article à article à l'intérieur du même chapitre. Depuis 2010, les pouvoirs du président du conseil régional ne sont plus limités au cinquième de la dotation de chaque chapitre, ce qui n'était déjà plus le cas dans les conseils généraux depuis la loi du 19 février 2003 ; en vertu de l'ordonnance du 17 novembre 2009, il peut même être autorisé par le conseil régional, chaque année, à procéder à des mouvements de chapitre à chapitre (sauf dépenses de personnel) jusqu'à 7,5 % des dépenses réelles de chacune des sections.

Le principe de spécialité est d'autant plus contraignant pour les exécutifs locaux que les crédits sont, dans le champ des finances locales, tous limitatifs. Il est vrai que la loi du 5 janvier 1988 a permis aux collectivités territoriales de porter au budget un ***crédit pour dépenses imprévues*** (lui aussi plafonné à 7,5 % des dépenses réelles prévisionnelles de chaque section), mais cette réserve ne peut être employée par l'ordonnateur que pour faire face à des dépenses pour lesquelles aucune dotation n'avait été inscrite.

Le contrôle budgétaire opéré par les CRC*

Nombre et cas de saisines	2011	2012	2013
budget non voté dans les délais (art. L. 1612-2, CGCT)	147	131	84
budget voté en déséquilibre (art. L. 1612-5, CGCT)	120	90	101
budget exécuté en déficit excessif (art. L. 1612 14, CGCT)	129	103	107
défaut de budgétisation d'une dépense obligatoire (art. L. 1612-15, CGCT)	196	167	181
rejet ou non-transmission du compte administratif (art. L. 1612-12 et L. 1612-13, CGCT)	74	62	47
Total des saisines	666	553	520

Source : Rapport annuel de la Cour des comptes

*Les CRC s'entendent ici des chambres régionales et territoriales des comptes. Les avis sont plus nombreux que les saisines. L'activité pour l'année « 2013 » a été raccourcie en raison des élections municipales de mars 2014.

Les principes budgétaires spécifiques

CHAPITRE 10

Les principes budgétaires locaux comprennent une série d'exigences auxquelles ne sont pas (ou pas encore) soumises les finances de l'État. Depuis le XIXe siècle, les budgets locaux doivent ainsi être équilibrés. Cette obligation déterminante a été rigoureusement précisée par la loi du 2 mars 1982. Dans la décennie suivante, le législateur a imposé deux « principes modernes », déclinaisons de la sincérité ou de la « vérité budgétaire » : la prudence et la transparence.

1 L'obligation d'équilibre budgétaire est un principe traditionnel

■ La portée de l'exigence d'équilibre

a) Des conditions cumulatives

L'équilibre des budgets locaux – y compris les budgets annexes – doit être « réel », c'est-à-dire ***arithmétique*** et ***sincère***.

Le Code général des collectivités territoriales, avant de prévoir l'éventuelle intervention du représentant de l'État, pose expressément ***trois conditions cumulatives*** du respect de l'équilibre :

- que le remboursement en capital des annuités de la dette arrivant à échéance soit couvert par des ressources définitives suffisantes (c'est-à-dire à l'exclusion d'un nouvel emprunt) ;
- que les recettes et les dépenses aient toutes été évaluées de façon sincère, sans majoration des unes ou sous-estimation des autres ;
- que les deux sections soient respectivement votées en équilibre.

À cet égard toutefois, seul le déficit fondera la compétence préfectorale. Le législateur a ainsi précisé en 1988 que ne devait pas être considéré comme étant en déséquilibre un budget comportant un excédent de la section de fonctionnement – son basculement en ressource d'investissement constitue un ***autofinancement*** normal, généralisé à chaque niveau de collectivités (31,4 Md€ en 2012, dont plus de la moitié pour le secteur communal) – et cet excédent peut même gagner la section d'investissement des budgets communaux, depuis 1997, départementaux, depuis 2006, et régionaux, depuis 2010.

b) Une exigence continue

L'équilibre budgétaire doit être respecté par les collectivités locales tout au long de l'exercice.

Ainsi, cette exigence pèse non seulement sur le budget primitif mais encore sur le budget supplémentaire, ce qui peut paradoxalement conduire les collectivités à être obligées d'utiliser les éventuels excédents qui y sont reportés.

De même, lorsque l'organe délibérant accorde à l'ordonnateur des crédits supplémentaires par le biais d'une décision modificative, il doit prévoir les moyens de financement correspondants.

Enfin, si les documents comptables révèlent un déficit d'exécution, des mesures devront être prises afin que le prochain budget puisse à son tour être voté en équilibre.

■ Le contrôle de l'équilibre budgétaire

a) Le contrôle budgétaire

Le principe d'équilibre fonde directement deux des quatre grands cas d'ouverture du contrôle budgétaire.

D'une part, la chambre régionale des comptes peut être saisie par le représentant de l'État, seul compétent, de ***tout défaut d'équilibre prévisionnel*** des documents budgétaires locaux, dans les trente jours suivant leur transmission à la préfecture. Après que la juridiction l'aura constaté et aura proposé les mesures nécessaires dans un délai identique, la collectivité devra prendre une nouvelle délibération dans le mois ; à défaut, ou si la chambre (sous quinzaine) estime le redressement insuffisant, le budget sera réglé et rendu exécutoire par le préfet.

D'autre part, les juridictions financières devront également faire des propositions si un ***déficit d'exécution trop important*** – 10 % des recettes réelles de fonctionnement pour les communes de moins de 20 000 habitants et 5 % pour les autres collectivités – est révélé par l'arrêté des comptes de la collectivité. Faute de résorption du déficit, c'est le budget primitif de l'exercice suivant qui, transmis à la chambre par le préfet, pourra être réglé d'office par lui.

Dans l'un et l'autre cas, le préfet peut s'écarter des propositions de la juridiction financière à condition de motiver explicitement sa décision.

b) Le contrôle de légalité

Le Conseil d'État a solennellement rappelé en décembre 1988 que le respect de l'équilibre réel est une *condition de légalité des délibérations budgétaires*.

Certes, la compétence des juridictions financières et l'existence d'une procédure spécifique excluent tout déféré préfectoral et rendent irrecevable toute requête qui ne serait fondée que sur la méconnaissance du principe d'équilibre. Cependant, la jurisprudence conserve au profit des personnes ayant intérêt à agir la possibilité de faire intervenir le tribunal administratif dès lors que le préfet s'est abstenu de saisir la chambre régionale des comptes dans le délai de trente jours qui lui est imparti.

Par ailleurs, le respect de l'équilibre s'apprécie évidemment au jour de la délibération : la censure ultérieure d'une opération financière par le juge administratif sera logiquement sans influence sur la légalité de l'adoption du budget. Mais l'annulation, pour insincérité, de l'approbation des comptes d'un exercice entraîne celle du budget suivant lorsque l'équilibre de ce dernier dépend de leurs résultats, illégalement arrêtés.

2 Les principes modernes sont la prudence et la transparence budgétaires

■ *La prudence, obligation de précaution*

a) L'amortissement

L'amortissement est une pratique comptable qui consiste en l'immobilisation des sommes correspondant à la dépréciation d'un bien, soit en raison du temps et de son usage, soit en raison des progrès techniques. Souvent mise en œuvre par les grandes collectivités, elle n'est devenue obligatoire, récemment, que pour les communes et groupements (ainsi que les départements et régions) d'au moins 3 500 habitants. Même en deçà, toutefois, il faut aujourd'hui amortir les subventions d'équipement (versées à compter de 2006).

La loi du 22 juin 1994 portant réforme de la comptabilité communale, précisée en 1996, a inclus dans l'objet des « dotations aux amortissements des immobilisations » les biens meubles (sauf les œuvres d'art), les biens immeubles productifs de revenus ainsi que certaines immobilisations incorporelles (frais d'étude sans réalisation, frais de recherche et de développement, logiciels). La méthode de l'amortissement, guidée par un barème ministériel, relève de la compétence de l'organe délibérant ; en principe linéaire, l'amortissement ne peut être que dégressif et jamais progressif. Au surplus, des provisions « pour dépréciation d'éléments d'actif » peuvent toujours abonder les amortissements.

b) Les provisions

Les provisions ont été révisées par l'ordonnance du 26 août 2005 et un décret du 27 décembre 2005, sur le modèle de la loi du 19 février 2003 relative aux départements (le décret du 31 décembre 2009 visant, globalement, la constitution par les régions de « provisions pour risques et charges »).

Toutes les communes sont désormais indistinctement concernées par trois types de « dotations aux provisions » devenues des dépenses obligatoires. L'une, destinée aux ***risques afférents aux litiges***, doit être constituée à hauteur du risque estimé, non plus à partir d'une première décision de justice le rendant probable, mais dès l'ouverture d'un contentieux. Une autre vise les ***garanties d'emprunts*** ainsi que les ***aides financières directes*** accordées à une entreprise en difficulté : rendue obligatoire par l'ouverture d'une procédure collective, mais elle seule, son montant est fonction de l'engagement financier de la collectivité. La troisième, nouvelle, vise plus globalement tout risque sérieux de ne pas recouvrer la totalité d'une ***créance***.

Les communes peuvent toujours prévoir en sus des provisions « dès l'apparition d'un risque avéré ». En revanche, elles ne sont plus tenues depuis 2006 de budgétiser les anciennes « provisions spéciales », aux modalités de calcul complexes, pour leurs dettes financières faisant l'objet d'un différé de remboursement. Mais la loi du 27 janvier 2014 de modernisation de l'action publique territoriale et d'affirmation des métropoles exige de l'ensemble des collectivités (et des offices publics de l'habitat) qu'elles se dotent de provisions pour les risques liés au fait d'avoir souscrit, à partir de 2014, à des produits financiers.

■ *La transparence, obligation de sincérité*

a) La présentation du budget

Les lois des 22 juin 1994 et 19 février 2003 et l'ordonnance du 17 novembre 2009 ont amélioré la transparence des budgets communaux, départementaux et régionaux en accroissant la clarté et l'information sur les politiques financières suivies.

La modernisation consiste d'abord, via les instructions M14, M52 et M71, en un rapprochement de la nomenclature budgétaire avec le plan comptable général des entreprises. En outre, que le budget soit voté par nature (ce qui est obligatoire jusqu'à 9 999 habitants) ou par fonction (c'est-à-dire par secteur d'intervention), la loi impose une ***présentation croisée*** nature-fonction des opérations à partir de 3 500 habitants.

Surtout, la loi du 6 février 1992 avait étendu pour ces dernières collectivités la liste des ***annexes budgétaires*** obligatoires : données synthétiques sur la situation financière de la commune ; liste des concours – aux associations, jusqu'en 2006 – en nature ou subventions ; présentation consolidée des résultats du dernier exercice (qui n'est plus désormais jointe, comme la précédente, qu'au seul compte administratif) ; bilan – devenu « liste » en 2005 – des organismes satellites ; tableau des emprunts garantis. D'autres annexes (sur les délégataires de service public, puis les opérations immobilières d'organismes liés, les contrats de partenariat, l'enlèvement des ordures ménagères ou encore, en 2014, les contrats de ville) ont été ajoutées. L'ordonnance du 26 août 2005, enfin, en exige de toutes les communes sur leur situation financière et patrimoniale et sur leurs engagements. Les ordonnances de 2005 et du 17 novembre 2009 imposent aux départements et aux régions les mêmes obligations d'information.

La loi de finances pour 2012 a prévu que le gouvernement déposerait chaque année au Parlement un rapport sur la structure et l'évolution des dépenses ainsi que sur l'état de la dette des collectivités, nourri des communications au préfet imposées à toutes celles de plus de 50 000 habitants.

b) L'exécution du budget

Si l'exécution du budget débute avec sa publication, le principe de transparence se manifeste en particulier dans la ***publicité*** dont les documents budgétaires locaux doivent faire l'objet : depuis 1992, les budgets et annexes sont normalement mis à la disposition de toute personne, physique ou morale, par le maire, et, à partir de 3 500 habitants, les données synthétiques sur la situation de la ville insérées dans la presse locale. Du reste, une fois votés, les budgets locaux sont des documents administratifs communicables conformément à la loi du 17 juillet 1978.

Par ailleurs, s'agissant de l'exécution *stricto sensu* du budget et de la présentation des comptes, l'idée générale de sincérité a engendré – toujours au-delà de 3 500 habitants – la règle du ***rattachement à l'exercice*** au cours duquel il y a eu service fait (pour les dépenses) ou droits acquis ou constatés (pour les recettes) des charges et des produits de fonctionnement « ayant une incidence significative sur le résultat ». Inversement, ceux qui ont été payés ou perçus d'avance seront exclus de l'exercice dans la mesure où ils ne le concernent pas. C'est le principe de l'indépendance des exercices comptables.

Les « données synthétiques sur la situation financière » des collectivités territoriales et EPCI à fiscalité propre

de 3 500 habitants à 9 999 habitants	10 000 habitants et plus
1° Dépenses réelles de fonctionnement/population	1° Dépenses réelles de fonctionnement/population
2° Produit des impositions directes/population	2° Produit des impositions directes/population
3° Recettes réelles de fonctionnement/population	3° Recettes réelles de fonctionnement/population
4° Dépenses d'équipement brut/population	4° Dépenses d'équipement brut/population
5° Encours de la dette/population	5° Encours de la dette/population
6° Dotation globale de fonctionnement/population	6° Dotation globale de fonctionnement/population
	7° Dépenses de personnel/dépenses réelles de fonctionnement
	8° Coefficient de mobilisation du potentiel fiscal
	9° Dépenses réelles de fonctionnement et remboursement annuel de la dette en capital/recettes réelles de fonctionnement
	10° Dépenses d'équipement brut/recettes réelles de fonctionnement
	11° Encours de la dette/recettes réelles de fonctionnement

(Articles R. 2313-1, R. 3313-1, R. 4313-1 et R. 5211-15 CGCT)

L'adoption des budgets

Chapitre 11

Contrairement à l'État (malgré la « reparlementarisation » engendrée par la LOLF), la procédure budgétaire locale est marquée par la primauté de l'organe délibérant. Juridiquement, le « pouvoir d'amendement » des élus locaux n'est limité que par le principe d'équilibre. Ainsi, section de fonctionnement et section d'investissement présentent, à côté de la colonne retraçant les propositions de l'exécutif, une colonne propre aux votes de l'assemblée.

1 La délibération budgétaire doit être préparée par une information suffisante

■ *Les informations financières intervenant durant l'année*

a) Les informations délivrées par l'ordonnateur

Il existe un principe général, consacré par les textes législatifs, selon lequel la qualité de membre d'une assemblée locale confère le droit d'être informé de tout ce qui touche aux affaires de la collectivité. Cette exigence d'information incombe en particulier à l'exécutif local, notamment en tant qu'ordonnateur des dépenses de la collectivité.

Ainsi, l'ordonnateur devra par exemple rendre compte au conseil, dès la première séance suivant chaque dépense, de l'emploi des crédits pour dépenses imprévues ou des virements de crédits.

Plus généralement, le membre d'un conseil a toujours le droit de poser en séance des questions orales sur les affaires de la collectivité.

D'autre part, dans les seuls départements et régions cependant, le président doit présenter au conseil un rapport spécial annuel sur la situation, notamment financière, de la collectivité. On n'oubliera pas, à cet égard, l'importance des annexes budgétaires, à partir de 3 500 habitants, et le basculement de certaines, depuis 2006, du débat budgétaire au débat sur l'arrêté des comptes.

b) Les informations transmises par l'ordonnateur

Si les informations financières provenant de la chambre régionale des comptes transitent nécessairement par l'exécutif local, elles relèvent de compétences de la juridiction qui sont toutes deux de nature administrative quoique de portée très différente. Dans le cas du contrôle budgétaire, pour défaut d'équilibre ou défaut d'inscription de dépenses obligatoires, les propositions de la chambre appellent une délibération de l'assemblée que l'exécutif est normalement tenu de convoquer dans un délai précis. Dans le cas de l'examen de la gestion de la collectivité, ce sont en revanche de simples « rapports d'observations » qu'il doit communiquer aux élus, en les joignant à leur convocation et en les inscrivant à l'ordre du jour de leur plus proche réunion pour un débat.

Le droit à l'information des conseillers, protégé par la jurisprudence, porte également sur les satellites de la collectivité, singulièrement les sociétés d'économie mixte locales dont elle est actionnaire. Ainsi, les élus doivent se prononcer en principe au moins une fois par an sur le rapport écrit que leur soumettent le ou les représentants de la collectivité – souvent le maire en pratique – au conseil d'administration ou de surveillance de la SEM locale.

■ *Les informations financières préalables au vote du budget*

a) Le débat d'orientation budgétaire

En 1982, curieusement, seuls les départements furent tenus d'organiser un débat sur les orientations générales du budget. La loi du 6 février 1992 a étendu cette exigence démocratique aux communes de 3 500 habitants et plus et aux régions. Si ce débat doit être organisé dans les deux mois précédant l'examen du budget – dix semaines pour les régions, depuis 1998 – la loi n'en fixe pas la date. En réalité, ses conditions relèveront du règlement intérieur du conseil de chaque collectivité.

Le débat d'orientation budgétaire (de façon comparable, ici, à celui qui est désormais organisé au Parlement au printemps et a été consacré par la LOLF) n'a aucune portée normative : il ne s'agit que d'information mutuelle entre exécutif et autres élus. Les textes prévoient seulement que les propositions du maire ou du président du conseil en matière d'engagements pluriannuels sont alors présentées à l'organe délibérant.

En revanche, la tenue du débat constitue une formalité substantielle, indispensable à la légalité de la délibération budgétaire ultérieure, dont elle constitue une mesure préparatoire.

b) Les notes explicatives de synthèse

Déclinant le principe du droit à l'information des élus, la loi du 6 février 1992 a prévu que devait être jointe à la convocation des membres du conseil municipal, dans toutes les communes d'au moins 3 500 habitants, une note explicative de synthèse sur les affaires soumises à délibération. La loi du 2 mars 1982 disposait déjà que serait adressé à tous les conseillers généraux ou régionaux un rapport sur chacune des affaires du département ou de la région.

Cette note, ou ce rapport, ne concerne évidemment pas les seules délibérations budgétaires ou même financières. Mais son absence, ou celle, selon la jurisprudence, d'un document équivalent, pourra entacher d'illégalité le vote du budget. Le juge administratif considère en outre que le respect de cette autre formalité substantielle (qui peut cependant être remplie « sous quelque forme que ce soit » selon la loi) ne prive pas les élus – de toutes les collectivités locales cette fois – de leur droit de consulter durant la séance les documents nécessaires à leur information, à condition que leur demande n'ait aucun caractère dilatoire.

2 La délibération budgétaire relève en principe du droit commun

■ *Le régime général des collectivités territoriales*

a) La convocation

La convocation des membres du conseil n'est valable que lorsqu'elle s'accompagne des notes explicatives de synthèse, pour les délibérations budgétaires comme pour les autres.

C'est bien le droit commun qui s'applique à l'adoption des budgets : en l'absence de texte spécifique pour les communes, l'envoi du projet de budget est soumis à la règle générale des trois ou cinq (à partir de 3 500 habitants) jours francs ; et s'il existe des dispositions expresses dans le Code général des collectivités territoriales dans le cas des départements et des régions, elles ne font que reprendre là encore le délai habituel de douze jours au moins avant la première séance consacrée à l'examen du budget.

Cependant, si le quorum – à savoir la majorité absolue des membres effectifs – n'est pas (ou plus) atteint lors de la séance, une nouvelle délibération se tiendra seulement trois jours plus tard : là encore s'applique le droit commun, à l'identique pour toutes les collectivités.

b) La séance

Aucune règle relative au scrutin n'est propre à l'adoption des documents budgétaires locaux. Ainsi, le scrutin ne doit être public que lorsque le quart des présents le réclame, dans les conseils municipaux, ou le sixième d'entre eux dans les conseils départementaux ou les conseils régionaux. Mais le budget peut également être voté à huis clos.

Au juste, lorsque le Conseil d'État a admis – malgré la lettre de la loi – un vote par section du budget quand l'approbation générale a pu être constatée, il n'a fait qu'aligner les délibérations budgétaires sur le droit commun. Parallèlement, si la jurisprudence dispense ainsi d'un vote formel sur chaque chapitre et *a fortiori* sur chaque article en cas d'assentiment au moins majoritaire, après que la question a été débattue en séance, elle considère à l'inverse que l'adoption de l'ensemble des chapitres (ou des articles) vaut approbation du budget sans qu'il soit nécessaire de procéder à un vote général.

Il est vrai que chaque règlement intérieur, dès lors qu'il est conforme aux lois et règlements en vigueur, peut prévoir une procédure particulière au respect de laquelle veillera le juge administratif.

■ *Le régime propre aux régions*

a) L'avis du Conseil économique, social et environnemental régional (CESER)

Le Conseil économique, social – et environnemental, depuis la loi du 12 juillet 2010 – régional (CESER), dont l'appellation avait été substituée en 1992 à l'ancienne formule de « Comité économique et social », rend le seul avis préliminaire à l'adoption d'un budget local qui soit légalement obligatoire, même si les règlements intérieurs des assemblées ou la simple pratique peuvent attribuer un rôle préparatoire important à la commission permanente ou bien à une commission des finances (souvent politiquement déterminante), voire à une représentation informelle ou à une consultation des citoyens.

Toutefois, il ne s'agit évidemment pas d'un avis conforme devant, comme tel, être suivi, ce qui constituerait une dépossession de la compétence exclusive de l'assemblée : le vote du budget est, par nature, non délégable. La jurisprudence administrative considère d'ailleurs que le conseil régional peut modifier substantiellement les orientations générales du budget, notamment la politique fiscale de la région, sans pour autant que le CESER doive être à nouveau consulté.

b) L'ancienne procédure d'adoption sans vote

La loi du 7 mars 1998 avait offert aux présidents des conseils régionaux, dans lesquels la représentation proportionnelle empêchait souvent de dégager une majorité stable susceptible d'approuver chaque année le budget, un mécanisme inspiré de l'article 49, alinéa 3, de la Constitution. Ce texte fut complété et réformé dès la loi du 19 janvier 1999, dont l'objet principal était justement la création d'un mode de scrutin mixte alliant proportionnelle et prime majoritaire. Le législateur décida alors que le dispositif mis à la disposition des exécutifs régionaux élus l'année précédente serait abrogé à compter du premier renouvellement des conseils : il ne s'est ainsi appliqué (mais à plusieurs reprises) qu'entre 1998 et 2004.

À titre transitoire, donc, le Code général des collectivités territoriales prévoyait que, si le budget régional avait été rejeté au 20 mars, le président communiquait aux élus dans les dix jours un nouveau projet, approuvé par le bureau. Celui-ci était considéré comme adopté (d'où l'appellation courante de « 49.3 régional »), à moins qu'une motion de renvoi, présentée sous cinq jours par une majorité absolue de membres du conseil, accompagnée d'un contre-projet et nommant un nouveau président, ne soit approuvée par une même majorité, au scrutin secret. Afin d'empêcher l'adoption d'un budget dénaturé par le vote d'amendements et de pouvoir utiliser la procédure précédente, le président du conseil régional avait en outre depuis 1999 la faculté de soumettre à un vote d'ensemble le projet initial éventuellement modifié (un vote bloqué, inspiré, lui, de l'article 44, alinéa 3, de la Constitution).

FOCUS : l'importance pratique du débat d'orientation budgétaire (DOB)

Le DOB n'est pas seulement indispensable techniquement et politiquement à l'adoption du budget, dont il est « une étape préalable et impérative » (CAA Marseille, 22 mars 2012), comme à la vie démocratique : il a une réelle utilité contentieuse pour la défense des décisions de gestion locale. Ainsi, la Cour Administrative d'Appel de Nancy, dans un arrêt du 18 avril 2013, a jugé que, si l'adoption des délibérations relatives au vote des taxes directes locales et du budget primitif n'avait pas été précédée de l'envoi d'une note explicative de synthèse aux conseillers municipaux, ceux-ci avaient « pu comprendre les motifs de fait et de droit des mesures à adopter et mesurer ainsi les implications financières de leurs décisions » grâce, notamment, aux documents financiers distribués lors du DOB réalisé un mois plus tôt. Dans un tout autre registre, la Cour Administrative d'Appel de Marseille a, de même, admis dans un arrêt du 6 mai 2014 la validité du non-renouvellement du CDD d'un agent de sécurité au regard de l'intérêt du service, parce que la commune avait produit devant elle non seulement un rapport d'observations définitives de la chambre régionale des comptes concluant à la nécessité de poursuivre la stabilisation progressive de sa masse salariale, mais encore le DOB de l'année en cause, qui faisait état de cet objectif.

L'exécution des budgets

CHAPITRE 12

Rappelé par le décret du 29 décembre 1962 et aujourd'hui par le décret du 7 novembre 2012, le principe de la séparation des ordonnateurs et des comptables, consubstantiel au droit français des finances publiques, s'applique évidemment aux finances locales. Dans les collectivités territoriales, l'ordonnateur – maire, président du conseil départemental ou régional – est cependant toujours élu, quand les comptables sont fonctionnaires d'État.

1 L'ordonnateur peut seul émettre des mandats

Le rôle de l'ordonnateur

a) La décision de dépenser

L'ordonnateur, toujours « principal », est celui qui prescrit l'exécution du budget. Si celui-ci n'a pas été adopté avant le début de l'exercice, l'ordonnateur peut – jusqu'au vote – mettre en recouvrement les recettes et engager, liquider et mandater les dépenses de fonctionnement dans la limite des dotations de l'année précédente, ainsi que le remboursement en capital des annuités de la dette venant à échéance. Pour les autres dépenses d'investissement, en revanche, engagement et mandatement sont limités au quart des crédits ouverts au budget précédent (hors dette) et supposent une autorisation de l'organe délibérant ; sauf, depuis l'ordonnance du 26 août 2005, pour les crédits de paiement afférents à une autorisation de programme ou d'engagement.

C'est une sorte d'autorisation générale que constitue, une fois voté, le budget primitif. Mais le maire, ou le président du conseil départemental ou régional (et tout ordonnateur délégué éventuel), peut seul émettre des mandats, comme le rappelle le Code général des collectivités territoriales : sous réserve d'une intervention préfectorale dans le cas des dépenses obligatoires, il ne peut être contraint que par la mise en jeu, souvent assez théorique, de sa « responsabilité politique » devant l'assemblée délibérante.

b) La comptabilité des dépenses

Depuis la loi du 6 février 1992, l'ordonnateur doit tenir une comptabilité de l'engagement des dépenses, permettant de déduire l'état des crédits disponibles, ainsi qu'une comptabilité des mandatements et des titres de recettes recensant, par article budgétaire et par ordre chronologique, les ordres de décaissement et de recouvrement adressés au comptable. Toutes deux aboutiront à l'élaboration du compte administratif.

Le ***compte administratif*** est un compte unique devant retracer toutes les opérations effectuées ainsi que les « restes à réaliser » à la clôture des comptes de l'exercice. Comparé aux documents établis par le comptable, il offrira aux membres du conseil la possibilité de contrôler rapidement l'exécution du budget : l'arrêté des comptes doit en effet être adopté au plus tard le 30 juin de l'année suivant l'exercice, afin de remédier au plus vite à un éventuel déficit. Par dérogation au droit commun, le compte administratif est arrêté – hors la présence de l'ordonnateur – si une majorité des voix ne s'est pas dégagée contre lui. Il doit être transmis aux services préfectoraux, pour une éventuelle intervention de la chambre régionale des comptes (saisie, sinon, du plus proche budget voté), et peut être soumis au tribunal administratif.

■ *La responsabilité de l'ordonnateur*

a) La responsabilité de droit commun

Outre son éventuelle responsabilité politique, devant les électeurs surtout, l'ordonnateur est, comme agent public, responsable devant les juridictions de droit commun.

Devant le juge administratif de droit commun, la responsabilité propre de l'ordonnateur ne pourra classiquement être engagée qu'en cas de faute personnelle ayant causé un dommage ; on peut songer ainsi au cas de « l'élu intéressé ». La responsabilité que peut engendrer le contrôle de légalité, en particulier, ne sera donc que celle de la collectivité elle-même.

Devant la juridiction pénale, l'ordonnateur risque notamment des poursuites pour l'un des divers « manquements au devoir de probité » définis par le Code pénal (concussion, corruption passive et trafic d'influence, prise illégale d'intérêts, favoritisme, soustraction ou détournement de biens) ou encore, depuis que ce délit-ci a été créé en 1993, pour s'être opposé aux contrôles des juridictions financières.

b) La responsabilité devant la Cour de discipline budgétaire et financière

Traditionnellement, les ordonnateurs élus locaux bénéficient d'une immunité devant la Cour de discipline budgétaire et financière (CDBF), laquelle s'efface cependant pour les fonctions ne constituant pas, en raison de dispositions législatives ou réglementaires, « l'accessoire obligé » de leur mandat.

Sans revenir sur le principe de l'immunité, la loi du 29 janvier 1993 a prévu deux cas dans lesquels l'élu local ordonnateur sera passible de cette juridiction administrative répressive : d'une part, lorsque ses agissements ont entraîné la condamnation de la collectivité à une astreinte pour inexécution d'une décision de justice, ou bien faute d'inscription ou de mandatement des crédits nécessaires à son exécution ; d'autre part, lorsque la réquisition du comptable a eu pour but ou pour effet de procurer à autrui un avantage injustifié aux dépens de la collectivité.

Le remplacement de la CDBF était prévu par le projet de loi portant réforme des juridictions financières déposé à l'Assemblée nationale à l'automne 2009, mais celui-ci n'a pas été voté.

2 Le comptable est un fonctionnaire de l'État

■ *Le rôle du comptable*

a) La tenue de la comptabilité

Fonctionnaire de l'État, le comptable local – receveur municipal (qui peut être aussi comptable de l'État), payeur départemental ou régional – est seul titulaire du compte de la collectivité ouvert au Trésor et seul chargé d'exécuter les ordres d'encaissement et de décaissement délivrés par l'ordonnateur. Il ne saurait subordonner ses actes à une appréciation de l'opportunité de ces décisions et ne peut les soumettre qu'à un contrôle de légalité limité : qualité de l'ordonnateur, liquidation correcte, exacte imputation au budget, disponibilité des crédits et des fonds, validité des créances (prescription quadriennale, service fait, cohérence des pièces justificatives, listées par décret, à nouveau remplacé au printemps 2007), caractère libératoire du règlement.

Le comptable doit naturellement tenir la comptabilité de chacune des opérations. Elle aboutit à l'établissement, en fin d'exercice, du ***compte de gestion***. Signé par les éventuels comptables successifs, accompagné d'une série de pièces générales, le compte de gestion doit retracer toute l'exécution du budget. Transmis à l'ordonnateur avant le 1er juin (ou le 1er mai si le budget a été réglé d'office), il sera soumis à l'assemblée délibérante en principe en même temps que le compte administratif.

b) La réquisition du comptable

La loi du 2 mars 1982 a offert aux élus locaux la possibilité d'adresser au comptable, lorsqu'il a suspendu le paiement d'une dépense, un ordre de réquisition. La jurisprudence du Conseil d'État tient même ce droit pour une obligation dès lors que la suspension était irrégulière.

Le Code général des collectivités territoriales oblige le comptable à se conformer immédiatement à cet ordre, à moins de se trouver dans l'une des cinq catégories d'hypothèses légales : insuffisance des fonds disponibles, tout découvert étant prohibé ; mandatement d'une dépense sur des crédits eux-mêmes insuffisants, irrégulièrement ouverts ou inexactement imputés ; absence totale de justification du service fait ; défaut de caractère libératoire du règlement ; et enfin, depuis la loi du 22 juin 1994, absence de caractère exécutoire des actes pris par l'autorité territoriale.

Lorsqu'il délivre un ordre de réquisition, lequel est notifié à la chambre régionale des comptes, l'ordonnateur substitue sa propre responsabilité à celle du comptable.

■ *La responsabilité du comptable*

a) L'apurement des comptes

Classiquement, les comptables publics sont soumis à ***l'obligation de reddition annuelle de leurs comptes***, avant le 31 décembre suivant la clôture de l'exercice, pour que soit contrôlée leur régularité formelle et matérielle. L'apurement consiste à vérifier tous les éléments des comptes, notamment les pièces justificatives, et à en fixer les masses et les soldes.

En 1982, l'ensemble des comptes des comptables publics des collectivités territoriales et de leurs établissements publics avait été confié aux chambres régionales des comptes, le nombre de jugements atteignant bientôt trente mille par an. La loi du 5 janvier 1988, modifiée en décembre 2001, ne leur a conservé compétence directe que pour les principaux comptes et a rétabli une procédure d'apurement administratif, par les comptables supérieurs du Trésor, des comptes des collectivités de 3 500 habitants au plus au montant des recettes ordinaires inférieur à 750 000 €. La loi du 13 décembre 2011 a encore restreint la compétence des chambres régionales des comptes en étendant l'apurement administratif – par des pôles d'agents spécialisés de la DGFiP – d'une part aux communes (et leurs établissements publics) jusqu'à 5 000 habitants, à partir de l'exercice 2013, ou bien trois millions d'euros (1 M€ dès 2012) et, d'autre part, aux EPCI d'au plus 10 000 habitants (5 000 pour 2012) et cinq millions d'euros (2 M€ pour 2012) de recettes ordinaires.

Le législateur n'a pour autant jamais rétabli la situation qui prévalait avant 1982 car les chambres régionales des comptes ont un droit d'évocation des comptes soumis à l'apurement non juridictionnel, statuent sur les recours en réformation des arrêtés de décharge et de quitus pris par les comptables supérieurs (le directeur départemental ou régional des finances publiques, aujourd'hui) et, surtout, peuvent seules mettre un comptable en débet.

b) L'irrégularité des comptes

Le juge n'a pas en principe à connaître du comportement personnel du comptable : il se contente d'apprécier les éléments matériels du compte.

Le régime de responsabilité des comptables publics, qui repose sur l'obligation de réparer sur leurs deniers personnels même leurs fautes de service, est particulièrement lourd. Cette responsabilité sera engagée dès que l'on constatera un déficit, l'absence de recouvrement d'une recette ou le paiement irrégulier d'une dépense, à moins que le comptable ne prouve qu'il n'a commis aucune faute, ou encore si le juge établit lui-même qu'une indemnisation a été due à autrui par sa faute. La procédure contradictoire doit normalement permettre au comptable de fournir les justifications appropriées et d'établir le respect de son devoir de vigilance et de diligence. Renforcé en 2009, le contradictoire se manifestait traditionnellement par la ***règle du double jugement***, où le définitif succède au provisoire, supprimée par la loi du 28 octobre 2008.

La responsabilité du comptable public venait d'être plusieurs fois réformée. La prescription, de trente ans jusqu'en 2001, ramenée de dix à six ans en 2004, est aujourd'hui de cinq ans à compter de la reddition du compte. Depuis 2007, le juge peut admettre une décharge de responsabilité pour force majeure, ce que seul le ministre pouvait faire auparavant. La loi du 28 octobre et les décrets du 19 décembre 2008 ont en revanche supprimé le pouvoir ministériel de remise gracieuse des amendes.

Les textes de 2008 ont également permis de prononcer la décharge par ordonnance, systématiquement dissocié instruction, poursuite et jugement mais aussi généralisé la publicité de l'audience (limitée, et depuis 2007, à l'appel formé par le comptable, devant la Cour des comptes, de sa mise en débet, appel qui est désormais toujours suspensif).

Enfin, la loi de finances rectificative du 28 décembre 2011 a, à compter du 1er juillet 2012, supprimé le débet en l'absence de préjudice financier causé à l'organisme public, en offrant au juge de le remplacer par une « somme » modulable et plafonnée par décret, mais insusceptible de remise ministérielle.

Cette responsabilité pécuniaire particulière des comptables s'exerce sans préjudice de la mise en jeu éventuelle de leur responsabilité disciplinaire, voire de leur responsabilité pénale.

FOCUS : le rôle de la Cour de discipline budgétaire et financière

L'incompétence de la Cour de discipline budgétaire et financière (CDBF) à l'endroit des élus locaux – décidée dès l'origine, en 1948, à l'instar des membres du Gouvernement, lesquels relèvent, eux, de la Cour de justice de la République – ne doit pas être comprise comme absolue. D'une part, la CDBF pouvant être saisie des actes commis (depuis moins de cinq ans) par les agents des établissements soumis au contrôle des chambres régionales des comptes, ces élus en seront passibles dès lors que ce n'est pas leur mandat territorial qui est en cause. Par exemple, dans un arrêt du 11 octobre 2013 concernant une maison de retraite intercommunale, la CDBF a condamné son directeur pour une convention, qualifiée de marché public, conclue sans publicité ni mise en concurrence (ni même soumission au conseil d'administration et *a fortiori* au contrôle de légalité préfectoral). Certes, les amendes sont généralement de faible montant. Mais les condamnations par la CDBF sont publiées au *Journal officiel*. D'autre part, outre le fait que les dispositions dérogatoires de la loi du 29 janvier 1993, notamment, ont déjà été appliquées (ainsi à l'encontre d'une Présidente de Région, en 2001), cette « injusticiabilité » des élus n'est pas indiscutée. Sa suppression a même été votée par l'Assemblée nationale, sous la précédente Législature, avant que le Gouvernement ne l'y fasse renoncer.

Partie 4

Les contrôles particuliers

Les dépenses interdites

Chapitre
13

Seul le juge administratif de droit commun – à l'exclusion notamment des juridictions financières – est compétent pour décider qu'une dépense, inscrite au budget de la collectivité voire déjà mandatée par l'ordonnateur, est illégale. Il s'appuiera sur la loi, singulièrement sur la classique disposition générale qui veut que les conseils « règlent par leurs délibérations les affaires de leur compétence ».

1 La libre administration se limite aux compétences de la collectivité

■ *L'illégalité des dépenses d'intérêt privé*

a) La règle générale de l'utilité locale

Une dépense d'une collectivité territoriale ne saurait être légale que si elle présente une utilité locale, ce qui suppose intrinsèquement, d'abord, un ***intérêt public***. Le contrôle juridictionnel ne pouvant par définition être ici qu'un contrôle concret, il appartiendra au tribunal administratif d'apprécier, dans chaque espèce, si tel est bien le cas.

Plusieurs hypothèses (assez fréquentes) relèvent clairement des dépenses interdites. Ainsi, par exemple, le budget de la collectivité ne peut pas légalement prendre en charge des travaux portant sur une propriété privée, à moins qu'il ne s'agisse d'une voie ouverte à la circulation, ni des frais de justice dus par un particulier, fut-il élu...

Par ailleurs, s'il est évidemment possible de subventionner une association assumant une activité d'intérêt général, notamment dans le domaine socio-éducatif, culturel ou sportif, une collectivité locale ne peut déléguer ses crédits à une personne privée en lui abandonnant ses compétences propres, ni exercer ces dernières sous couvert d'une association « transparente ». Toutefois, le

Conseil d'État a admis, en 2007, la légalité de concours financiers accordés à une association para-administrative, contrôlée par plusieurs collectivités qui l'avaient créée pour gérer un festival, qualifié de service public (une quasi-régie, donc). Et la loi du 23 février 2005 a permis aux communes (et aux EPCI depuis 2008) de confier à une association ou à toute autre personne la responsabilité de la création ou de la gestion d'un service nécessaire aux besoins de la population en milieu rural.

b) Le cas particulier de l'aide sociale

De longue date, la jurisprudence administrative a admis la légalité du secours de la collectivité en faveur de ses habitants démunis. S'il s'agit bien ici, par hypothèse, d'intérêts particuliers, c'est la solidarité qui, fondant cette intervention financière, constitue le motif d'intérêt général exigé. À ce titre, une commune pourra par exemple subventionner une organisation caritative exerçant son activité sur son territoire. La jurisprudence actuelle, orientée vers l'exigence d'un lien particulier entre les bénéficiaires et la collectivité, tend à exclure la seule qualité de contribuable comme critère d'obtention d'une aide sociale déterminée. La solidarité ne permet pas, en effet, de déroger au principe d'égalité en traitant différemment des personnes se trouvant dans une situation identique, ou en retenant des critères de discrimination incompatibles avec les valeurs constitutionnelles de la République.

■ *L'illégalité des dépenses relevant d'une autre collectivité*

a) L'intervention hors compétence

Il est en principe interdit aux collectivités locales d'intervenir financièrement dans un champ de compétences qui relève d'une autre personne publique. Ainsi, le juge censurera une délibération marquant une intrusion dans un domaine appartenant à la politique de l'État (par exemple la propagande pour un scrutin national). De même, les établissements publics de coopération intercommunale, limités par le principe de spécialité, ne peuvent agir en dehors de leurs compétences légales. Mais c'est surtout en matière d'aide aux entreprises que les annulations contentieuses ont été les plus nombreuses. Le régime de ***l'interventionnisme économique*** des collectivités repose sur deux piliers, la possibilité de mener des actions de politique agricole et industrielle dans le cadre de conventions avec l'État et la primauté accordée aux régions dans le cadre des actions spontanées. Le dispositif législatif de 1982 distinguait à cet égard les « aides indirectes » aux entreprises, globalement libérées, des « aides directes », très encadrées. Cette distinction a été supprimée par la loi du 13 août 2004. Désormais, le conseil régional définit le régime des aides, soumis en particulier au droit de l'Union européenne. Les aides octroyées par la région peuvent être complétées par les autres collectivités dans le cadre d'une convention avec elle.

b) L'intervention hors territoire

Le critère de l'utilité locale implique non seulement un intérêt public mais aussi une portée géographique limitée. Sera normalement interdite une dépense dont l'objet (ou le bénéficiaire) est extérieur au ressort de la collectivité en cause. Classiquement, le juge administratif annule ainsi les délibérations accordant une subvention à un organisme dont l'activité s'étend à l'ensemble du territoire national, à moins naturellement qu'elle n'ait une dimension spécifiquement locale ; faute d'action de proximité, la dépense est donc illégale. Logiquement, les aides financières entre collectivités territoriales sont normalement exclues s'il ne s'agit pas de projet intercommunal ; et l'intervention d'une région ou d'un département en faveur d'une commune de son territoire doit en principe être affectée et dépasser le seul intérêt de celle-ci.

Cependant, la loi du 2 février 2007 autorise expressément les actions de coopération avec des autorités locales étrangères (pas seulement frontalières) ou d'aide au développement, ainsi que l'aide humanitaire d'urgence (déjà admise deux ans plus tôt dans les domaines de l'eau et de l'assainissement).

2 La libre administration suppose la neutralité de la collectivité

■ *L'illégalité des dépenses confessionnelles*

a) Les aides aux associations cultuelles

La loi du 9 décembre 1905 consacrant la séparation des Églises et de l'État proclame que la République « ne subventionne aucun culte ». Si elle s'accommode traditionnellement du régime concordataire des départements alsaciens et mosellan, spécificité régionale sanctuarisée par le Conseil constitutionnel en août 2011 et février 2013, cette règle (qui n'a pas valeur constitutionnelle) s'applique à l'ensemble des collectivités locales métropolitaines. La jurisprudence administrative l'a traduite par l'exclusion des dépenses dont ***l'objet*** est confessionnel, en particulier l'organisation de célébrations ou d'offices religieux.

Plus généralement, étaient ainsi en principe jugés illégaux les concours financiers à des associations ayant des activités cultuelles même si elles avaient également un objet culturel ou social, ***l'effet*** pouvant être identique. En juillet 2011 puis mai 2012, le Conseil d'État a permis aux collectivités territoriales de concourir à des projets d'intérêt général, spécialement dans une perspective éducative, sanitaire ou touristique, dès lors que l'absence d'aide au culte pouvait être garantie par l'affectation du concours ; au surplus, il a jugé, d'une part, qu'un local public pouvait être loué à une association cultuelle pourvu que ce ne fût pas de façon pérenne et exclusive et, d'autre part, que les règles relatives au bail emphytéotique administratif cultuel dérogeaient à la loi du 9 décembre 1905. Du reste, la loi de 1905 modifiée n'empêche pas les communes d'entretenir, en vue de leur conservation, les édifices du culte faisant partie de leur domaine, ou de concourir à la réparation des autres.

b) Les aides à l'enseignement privé

La loi du 30 octobre 1886 disposant que les établissements d'enseignement privés sont « fondés et entretenus par des particuliers ou des associations » a toujours été interprétée comme interdisant les aides à l'***enseignement du premier degré***. Néanmoins, la loi du 31 décembre 1959 modifiée a au contraire rendu obligatoire, dans les mêmes conditions que pour l'enseignement public, la prise en charge dans le budget communal des frais de fonctionnement matériel des écoles élémentaires sous contrat d'association, cette prise en charge restant facultative pour les classes maternelles. Et depuis 1986 les communes peuvent garantir des emprunts destinés à l'investissement ou aider à l'informatisation des établissements.

S'agissant des ***établissements du second degré***, les aides financières directes sont encore limitées par la loi Falloux du 15 mars 1850 au dixième de leurs dépenses annuelles pour l'enseignement ***général***, tandis que, pour l'enseignement ***technique***, la loi Astier du 25 juillet 1919 a consacré la liberté des aides. Enfin, aucun texte ne posant ici non plus d'interdiction, l'enseignement ***agricole*** comme l'enseignement ***supérieur*** privé peuvent également être librement subventionnés.

Depuis le 1er janvier 2007, départements et régions sont au contraire tenus de prendre en charge non seulement les dépenses de fonctionnement matériel des classes sous contrat du secondaire, comme pour le primaire, mais encore les dépenses de personnel non enseignant des collèges et lycées privés.

■ *L'illégalité des dépenses politiques*

a) L'intervention dans les conflits

Si le juge administratif évoque rarement la nature ***politique*** d'une subvention illégale, il est arrivé qu'il ne se contente pas de relever son « absence d'utilité locale » mais fonde expressément sur ce motif l'annulation d'une délibération (par exemple en censurant l'aide à une association de soutien à la population d'un pays en proie à une guerre civile ou à une occupation étrangère).

Toutefois, c'est en matière d'intervention de communes ou de départements dans des ***conflits collectifs du travail*** que la jurisprudence fut la plus fournie et aussi la plus subtile. Il est en effet interdit à la personne publique d'apporter son soutien financier à l'une des parties en litige, notamment en compensant les pertes salariales des grévistes. En revanche, est admise une intervention de la collectivité à des fins sociales réalisée par le biais de la gratuité accordée à la cantine ou à la crèche municipale pour leurs enfants, voire par une aide financière si elle est directement attribuée par le CCAS aux familles placées dans le besoin par le conflit.

En outre, les collectivités peuvent, hors conflit, verser des subventions de fonctionnement aux structures locales des syndicats représentatifs.

b) Les subventions aux groupes politiques

Selon une jurisprudence constante, quoique récente puisque apparue fin 1993, les subventions aux différents groupes politiques constitués au sein du conseil d'une collectivité locale (région, département, commune ou groupement) ne présentent aucun caractère d'utilité locale et constituent donc des dépenses interdites.

Le législateur a institué en 1992 un régime particulier pour les indemnités de fonction des élus locaux puis, en 1993, a posé le principe de la possibilité – pour les collectivités de plus de 100 000 habitants – de délibérer sur le fonctionnement des groupes sans toutefois modifier ce régime. C'est finalement la loi du 19 janvier 1995 modifiée qui a précisé que l'assemblée pouvait affecter aux groupes un local, du matériel de bureau et une ou plusieurs personnes, ainsi que prendre en charge leurs frais de documentation et de communication, tout en plafonnant le montant total de cette aide.

Le Conseil d'État, qui censure logiquement les subventions non affectées, a néanmoins maintenu le principe de l'absence d'utilité locale de ces dépenses politiques par nature et interprète restrictivement la loi. Il a précisé, en revanche, que les collaborateurs de groupe d'élus répondent à un besoin permanent des collectivités territoriales.

FOCUS : la notion de « subvention »

La définition juridique de la « subvention » tend à rejoindre la notion économique. Régies en principe par la loi du 12 avril 2000 relative aux droits des citoyens dans leurs relations avec les administrations, les subventions publiques ne doivent pas constituer la rémunération de prestations individualisées, tout en supposant la conclusion d'une convention (obligatoire au-delà d'une certaine somme). Mais elles ne sont pas nécessairement accordées en numéraire. Le projet de loi relative à l'économie sociale et solidaire (en cours de navette parlementaire au printemps 2014), qui précise que la convention doit en fixer non seulement le montant mais aussi – consacrant ainsi leur possible pluriannualité – la durée, les définit comme « les contributions facultatives de toute nature, notamment financières, matérielles ou en personnel, valorisées dans l'acte d'attribution, décidées par les autorités administratives et les organismes chargés de la gestion d'un service public industriel et commercial, justifiées par un intérêt général et destinées à la réalisation d'une action ou d'un projet d'investissement, à la contribution au développement d'activités ou au financement global de l'activité de l'organisme de droit privé bénéficiaire ».

Les dépenses obligatoires

Chapitre 14

Le caractère obligatoire de certaines dépenses (du vote de crédits suffisants jusqu'au mandatement) crée une sujétion d'autant plus lourde que la collectivité est modeste et ses ressources faibles, au point qu'elles grèvent parfois l'essentiel du budget des petites communes. Juridiquement, si la libre administration suppose un fondement législatif, elle souffre un pouvoir de substitution financière maintenu au profit de l'État.

1 Les dépenses obligatoires doivent être déterminées par le législateur

■ *La nature des dépenses obligatoires*

a) L'exécution d'une loi

Directement reprises de la loi du 2 mars 1982, les dispositions communes du Code général des collectivités territoriales exigent encore aujourd'hui un fondement législatif exprès pour qu'une dépense d'une collectivité puisse être tenue pour obligatoire.

Toutefois, selon la jurisprudence administrative, ces textes (qui visent les dépenses « pour lesquelles la loi l'a expressément décidé ») ne doivent pas être interprétés plus strictement que les dispositions antérieures : sont donc des dépenses obligatoires, comme avant 1982, toutes celles qui « découlent directement » de la loi. Ainsi, le Code n'ajoute rien au concept constitutionnel de libre administration des collectivités territoriales, lequel implique en lui-même l'existence d'une prescription législative (et interdit au gouvernement de décentraliser des missions par décret, par exemple la gestion des demandes de papiers d'identité).

Cependant, le Conseil constitutionnel a souligné (en 1990 notamment) que, si le législateur peut ainsi définir certaines catégories de dépenses obligatoires, il doit le faire avec précision quant à leur objet et à leur portée, ces obligations ne pouvant méconnaître la compétence propre des collectivités territoriales ni entraver leur libre administration. Par exemple, la loi du 16 décembre 2010 modifiée a posé le principe d'une participation minimale du maître d'ouvrage à un projet d'investissement local, sauf outre-mer, de 20 % du montant total des financements publics ; et la loi du 18 janvier 2013 a renforcé les obligations de construction de logements sociaux et alourdi les prélèvements sur les ressources des villes ne les respectant pas.

b) L'exécution d'une dette

Parallèlement, le Code général des collectivités territoriales réaffirme le caractère obligatoire des dépenses qui sont « nécessaires à l'acquittement des dettes exigibles ». Cette précision paraît redondante. D'une part, l'exigibilité étant inhérente à l'obligation, la loi tend seulement à rappeler que le règlement d'une dette échue n'a à être budgétisé (puis mandaté) qu'à la triple condition qu'elle soit ***certaine, liquide et non sérieusement contestée***. Au juste, le Code borne ainsi les compétences de la chambre régionale des comptes. La juridiction financière ne saurait en effet intervenir si la collectivité conteste sérieusement s'être imposée l'obligation en cause, que la contestation porte sur son principe même ou sur son seul montant. D'autre part, les énumérations du Code général des collectivités territoriales propres aux communes, départements et régions répètent chacune *in fine* qu'est pour eux une dépense obligatoire l'acquittement des dettes exigibles.

■ *L'énumération des dépenses obligatoires*

a) Les dépenses obligatoires des régions et départements

Le Code général des collectivités territoriales ne mentionne qu'une liste limitée – et non exhaustive – de dépenses obligatoires à la charge des régions et départements. Ces dépenses touchent d'abord à l'existence même de la collectivité : fonctionnement du conseil et entretien des domaines, d'une part ; indemnités de fonction, frais de formation et retraite des élus, rémunérations des agents (8,3 Md€ pour les départements et 1,6 Md€ pour les régions en 2007, 12 Md€ et 3 Md€ en 2013 sur une dépense locale totale de plus de 50 Md€) et cotisation au Centre national de la fonction publique territoriale (CNFPT) d'autre part. Sont ensuite expressément visées, outre les dettes exigibles ainsi que les intérêts de la dette et son remboursement en capital ou le provisionnement pour risques financiers depuis 2014, les dépenses dont ces collectivités ont la charge en matière d'éducation nationale : 5,3 Md€ pour les lycées et 4,4 Md€ pour les collèges, en 2013, compte tenu du fonctionnement des établissements privés sous contrat. La liste

– qui n'évoque pas, par exemple, la formation professionnelle et l'apprentissage (4,2 Md€) ou le transport ferroviaire (3,8 Md€) pour les régions – s'allonge quelque peu pour les seuls départements : entretien et construction de la voirie (4,7 Md€) et des ports ; action sociale (36,9 Md€, dont 97 % de dépenses obligatoires), notamment le RMI remplacé par le RSA en métropole en 2009 (9,7 Md€ en 2013), l'allocation personnalisée d'autonomie (APA : 5,7 Md€) et la prestation de compensation du handicap (PCH : 1,3 Md€) ; services départementaux d'incendie et de secours (SDIS : 2,5 Md€) ou des épizooties.

b) Les dépenses obligatoires des communes et des groupements

Les dispositions du Code général des collectivités territoriales concernant les communes s'affichent elles-mêmes comme non exhaustives, bien que l'énumération soit ici beaucoup plus longue. En sus de la dette et des dettes exigibles ou du provisionnement, de l'existence *lato sensu* de la collectivité ou du cas de l'éducation nationale (c'est-à-dire les éléments communs aux trois niveaux), le Code vise trois catégories de dépenses communales obligatoires : des dépenses engendrées par les activités relevant de la police municipale, où salubrité et tranquillité rejoignent la sécurité (désinfection, cimetières, etc.) ; des dépenses liées à l'urbanisme et la voirie ainsi qu'à la conservation du patrimoine (cadastre, archives, monuments historiques, ouvrages d'intérêt général...) ; des dépenses, enfin, relatives aux missions exercées au nom de l'État, comme en matière d'état civil.

Naturellement, les établissements publics de coopération intercommunale ont leurs propres dépenses obligatoires, liées à leurs compétences et à leurs membres.

2 Les dépenses obligatoires peuvent être imposées par le contrôle budgétaire

■ *Le rôle de la chambre régionale des comptes*

a) La saisine de la juridiction financière

La loi du 2 mars 1982 a supprimé la possibilité pour le représentant de l'État de modifier un budget local sans intervention préalable d'un juge. Il s'agit en principe de la juridiction financière, la loi du 16 juillet 1980 modifiée régissant le cas particulier des condamnations pécuniaires par le juge judiciaire ou le juge administratif de droit commun : faute d'exécution sous deux mois, le préfet pourra mandater d'office la somme correspondante, après mise en demeure de la collectivité, à moins que le jugement n'ait pas fixé son montant ou n'ait pas acquis force de chose jugée.

La jurisprudence a précisé que les contestations relatives à l'inscription d'une dépense obligatoire doivent être soumises à la chambre régionale des comptes, ce qui signifie que tous ceux qui ont le droit de la saisir – non seulement le préfet, mais encore le comptable public concerné ou « toute personne y ayant intérêt » – ne peuvent recourir au tribunal administratif. Là est l'originalité de ce cas de contrôle budgétaire, toujours plus fréquent – avec une moyenne totale de 500 saisines annuelles environ depuis 1983, mais autour de 330 par an de 2002 à 2005 et en baisse depuis, jusqu'à environ 160 en 2010, malgré des remontées ponctuelles (près de 200 en 2011, plus de 180 en 2013) – que l'adoption tardive du budget, le vote en déséquilibre ou le déficit d'exécution (120 à 140 saisines, une centaine en 2012 et 2013) ou que les rejets ou non-transmissions de compte administratif (62 saisines en 2012, 47 en 2013). Aucun délai ne s'impose, seule l'hypothèse de la déchéance quadriennale des dettes des collectivités pouvant rendre vaine la saisine de la chambre.

b) L'avis de la juridiction financière

Dans un délai – court mais non prescrit à peine de nullité – d'un mois, la juridiction financière doit constater le défaut d'inscription budgétaire ou l'insuffisance des crédits. Quels que soient le montant et la nature de la dépense en cause, la chambre régionale des comptes est alors tenue de mettre la collectivité en demeure, à moins qu'une contestation sérieuse n'annihile l'exigibilité de sa dette et n'oblige la chambre à rejeter la demande ; mais le créancier conserve alors la faculté de faire condamner la collectivité par les juridictions ordinaires.

L'avis de la chambre n'est pas une décision juridictionnelle qui, en tant que telle, relèverait soit de la Cour des comptes en appel, soit du Conseil d'État en cassation. La mise en demeure n'étant qu'un acte préparatoire à la décision préfectorale d'inscription d'office, elle est insusceptible de recours. L'avis peut toutefois être soumis au tribunal administratif lorsqu'il clôt cette procédure, parce que la chambre a refusé la mise en demeure (en considérant la dépense non obligatoire ou les crédits suffisants), ou bien lorsqu'elle a inexactement calculé le montant de la dette exigible. Si la mise en demeure est restée sans effet au bout d'un mois, la chambre demandera au préfet d'intervenir d'office.

■ *Le rôle du préfet*

a) L'inscription d'office

À moins qu'elle n'ait considéré que les crédits sont désormais suffisants pour couvrir la dépense obligatoire (et pris ainsi une décision également susceptible de recours devant le tribunal administratif), la chambre régionale des comptes doit avoir proposé – en tant que de besoin – la création de ressources supplémentaires ou la diminution de dépenses facultatives. Reprenant les dispositions de la loi du 2 mars 1982, le Code général des collectivités territoriales prévoit que le représentant de l'État règle et rend exécutoire le budget rectifié en conséquence. La jurisprudence a souligné l'exigence d'une proposition de la juridiction financière, la mise en demeure non suivie d'effet par la collectivité conditionnant la compétence du préfet, qui ne saurait donc agir seul.

En revanche, la loi autorise le représentant de l'État à s'écarter des propositions formulées par la chambre, à condition de motiver explicitement sa décision. La jurisprudence en a déduit que le préfet pouvait, sous le contrôle du juge de l'excès de pouvoir, s'opposer au principe même de l'inscription d'office. Toutefois, un tel refus pourra entraîner la mise en jeu de la responsabilité de l'État s'il est gravement illégal. Il reste que le préfet a le choix des mesures. Le Conseil d'État a jugé qu'il pouvait même faire vendre un immeuble de la collectivité (non indispensable à ses services). Mais l'État peut aussi accorder une subvention exceptionnelle.

b) Le mandatement d'office

Dès lors que des crédits permettant le règlement d'une dépense obligatoire sont inscrits au budget de la collectivité, la chambre régionale des comptes n'a normalement pas ou plus à intervenir. Seul le préfet est alors compétent (sauf, dans le cas très particulier de l'absence de mandatement d'intérêts moratoires dus dans le cadre des commandes publiques, lorsque l'ordonnateur de la collectivité invoque une insuffisance des crédits disponibles).

Une autre disposition du Code général des collectivités territoriales prévoit que le représentant de l'État met l'ordonnateur concerné en demeure de mandater la dépense, puis y procède d'office s'il ne l'a pas fait dans le délai d'un mois. Ce délai est porté à deux mois lorsque les sommes en cause égalent 5 % de la section de fonctionnement du budget primitif. Si la mise en demeure est, classiquement, insusceptible de recours, les arrêtés préfectoraux de mandatement d'office, qui n'ont ni à être motivés ni à indiquer les bases et les modalités de la liquidation, pourront, eux, être soumis au tribunal administratif.

FOCUS : dépenses obligatoires et manquements au droit européen

Depuis la loi du 13 août 2004, qui a modifié les règles relatives à l'interventionnisme économique local, l'article L. 1511-1-1 CGCT prévoit que l'État doit notifier à la Commission européenne les projets d'aides ou de régimes d'aides que les collectivités territoriales et leurs groupements souhaitent mettre en œuvre, mais aussi que les collectivités ayant accordé une aide à une entreprise sont tenues de « procéder sans délai à sa récupération si une décision de la Commission européenne ou un arrêt de la Cour de justice des Communautés européennes l'enjoint » et qu'elles supportent « les conséquences financières des condamnations qui pourraient résulter pour l'État de l'exécution tardive ou incomplète des décisions de récupération ». La loi du 27 janvier 2014 a créé un dispositif comparable (art. L. 1511-1-2, CGCT) à l'endroit des programmes européens lorsque les collectivités locales assument la gestion des fonds structurels, la collectivité concernée, informée par l'État de l'ouverture d'une procédure par la Commission, étant associée à sa défense. Un projet de loi, qui n'a pas encore été voté par le Parlement, prévoit de généraliser ce système à « tout manquement » au droit de l'Union européenne qui serait imputable aux collectivités locales en répercutant sur leur budget les condamnations de l'État (que seul connaît la Cour de justice).

La gestion de fait

CHAPITRE
15

Violation de la séparation des ordonnateurs et des comptables, la gestion de fait est une atteinte à l'exclusivité des fonctions de ces derniers. Elle relève donc de la compétence du juge des comptes et génère les mêmes responsabilités que les gestions régulières. Ses conséquences, devant le juge électoral en particulier, en ont fait une procédure très redoutée par les élus locaux. Mais elle a été réformée fin 2001.

1 La gestion de fait est une infraction à la légalité budgétaire

■ *Les conditions de la gestion de fait*

a) Les opérations

Définie par l'article 60-XI (toujours en vigueur) de la loi de finances du 23 février 1963, la gestion de fait suppose une immixtion irrégulière dans les fonctions réservées au comptable public. Il s'agit d'une infraction aux règles de la comptabilité publique, indépendante en soi de toute intention frauduleuse, qui couvre deux figures distinctes.

D'une part, la loi mentionne le cas de ***l'ingérence dans le recouvrement de recettes*** destinées ou affectées à l'organisme public en cause, ici la collectivité locale ; il en sera ainsi, par exemple, de l'encaissement du produit d'une vente de ses biens ou d'une redevance, ou encore de la perception, sans convention le prévoyant, du loyer d'un local appartenant à la collectivité.

D'autre part, l'article 60-XI vise l'hypothèse de ***l'extraction irrégulière de fonds ou valeurs*** de la caisse de la personne publique. Même si le paiement a bien été formellement régulier, il repose sur des mandats fictifs, vraies-fausses pièces justificatives servant tantôt une prestation fictive, c'est-à-dire sans service fait, tantôt une subvention fallacieuse, masquant son destinataire réel.

Dans l'un et l'autre cas, la gestion de fait atteint à la fois le maniement et la détention des deniers publics, qu'ils fussent directs ou indirects.

b) Les personnes

La gestion de fait traduit un ***défaut d'habilitation légale*** à manipuler des fonds ayant le caractère de deniers publics. L'éviter exige soit d'avoir la qualité de comptable régulier (et de ne pas outrepasser ses fonctions), soit d'agir sous le contrôle et pour le compte d'un comptable : ce sera le cas du ***régisseur***, nommé par l'ordonnateur après qu'aura été régulièrement instituée une régie financière, régie d'avances ou régie de recettes.

Si le ou les comptables de fait, exécutants ou donneurs d'ordres, sont le plus souvent des personnes physiques, y compris celles qui n'auront pas dénoncé l'irrégularité dont elles avaient connaissance, des personnes morales (de droit public ou de droit privé, comme une association) peuvent aussi bien être mises en cause ; toutefois, leur responsabilité sera généralement retenue de façon conjointe et solidaire avec celle des personnes physiques.

■ *La déclaration de gestion de fait*

a) La saisine du juge financier

La chambre régionale des comptes a le pouvoir de se saisir elle-même d'opérations présumées constitutives de gestion de fait constatées lors du contrôle d'un organisme relevant de sa compétence, par exemple à l'occasion de l'examen de la gestion d'une collectivité. Cependant, les magistrats devront naturellement être différents, sauf à méconnaître le ***principe d'impartialité***. Selon le Code des juridictions financières, le ministère public près la chambre – le « procureur financier », depuis les décrets du 19 décembre 2008, seul apte à déférer, et partie à l'instance – peut également agir sur communication du préfet, du directeur départemental ou régional des finances publiques (l'ancien trésorier-payeur général), du procureur de la République ou du procureur général près la Cour des comptes.

Depuis la loi du 21 décembre 2001, l'action est ***prescrite*** pour les actes commis plus de dix ans (et non plus trente) avant la date à laquelle la juridiction financière est saisie. Le raccourcissement de la prescription pour les gestions régulières a, ensuite, mécaniquement ramené celle-ci à cinq ans – si la procédure est lancée – à compter de la production du compte imposée par le juge.

Sur environ 40 000 comptabilités relevant de leur compétence, les chambres ne prononçaient plus depuis 2001 (malgré une augmentation sensible jusqu'en 2006) et avant l'entrée en vigueur de la loi du 28 octobre 2008 qu'une cinquantaine de jugements annuels (55 en 2007, 51 en 2008), c'est-à-dire trois fois plus que la Cour avant 1982 mais trois fois moins qu'à la fin des années quatre-vingt-dix.

b) L'ancienne règle du double jugement

Les jugements interviennent dans les mêmes formes qu'à l'endroit des comptes des comptables réguliers. Depuis 2001, la loi exigeait en matière de gestion de fait une audience publique et excluait le rapporteur du délibéré, garanties que la loi du 28 octobre 2008 a étendues aux comptables patents en même temps qu'elle supprimait la traditionnelle règle du double jugement.

Classiquement, dans un ***jugement provisoire de déclaration de gestion de fait***, la chambre régionale des comptes désignait d'abord les différentes personnes ayant participé aux opérations présumées, sans être tenue dès ce stade de les chiffrer avec précision. Sa notification – c'est désormais celle du réquisitoire du procureur financier – aux intéressés (ainsi qu'à l'ordonnateur s'il n'était pas visé) ouvrait la procédure contradictoire. Aucun ***jugement définitif de gestion de fait*** ne pouvait déjà intervenir sans l'audition, à leur demande, des personnes concernées, dont les observations écrites sont versées au dossier. Il appartient toujours au juge de prouver leur participation, sauf à devoir prononcer un non-lieu.

Les déclarations définitives de gestion de fait, qui avoisinaient encore la cinquantaine en 1996, ne furent plus que trente-cinq chacune des deux années suivantes, puis oscillèrent autour de la quinzaine, annuellement, pour l'ensemble des chambres ; leur nombre avait sensiblement augmenté en 2006 (26, contre 11 en 2005) mais décru ensuite (15 en 2007, 8 en 2008). La fréquence des jugements relatifs aux gestions de fait dans les collectivités locales semble aujourd'hui stabilisée à quelques cas annuels (6 en 2009, 6 en 2010, 10 en 2011, 4 en 2012, 9 en 2013).

2 La gestion de fait peut entraîner des sanctions particulières

■ *La reddition du compte*

a) Les obligations du comptable de fait

Comme le comptable régulier, le comptable de fait doit ***produire un compte*** retraçant l'emploi des deniers publics. Compte unique, il devra préciser l'ensemble des opérations soustraites à la comptabilité régulière, tant en recettes qu'en dépenses, et être rendu dans le délai imparti par le juge.

Ce compte doit être accompagné des pièces justificatives correspondantes, bien que la chambre régionale des comptes ait, dans le cas de la gestion de fait, la faculté de compenser leur insuffisance par des considérations d'équité.

Surtout, le comptable de fait doit pouvoir faire état d'une ***reconnaissance de l'utilité publique*** des dépenses concernées, sorte d'ouverture rétroactive de crédits et, comme telle, délivrée par l'organe délibérant normalement compétent, statuant en opportunité. La chambre n'est pas en droit de l'annuler mais elle apprécie souverainement la valeur de cette reconnaissance quant à la régularité des opérations.

b) L'apurement de la gestion de fait

L'apurement définitif du compte se traduit par la ***fixation de la « ligne de compte »*** où apparaîtront les dépenses « allouées », grâce à leur utilité publique, les recettes admises et leur solde.

Si le comptable de fait a répondu aux demandes d'explication du juge, produit un compte justifié et s'il a achevé de se « vider les mains » en restituant le solde de son compte au comptable régulier, il sera alors déchargé de sa responsabilité et déclaré quitte de sa gestion : on dit qu'il aura obtenu ***quitus***.

Sinon, il sera ***mis en débet*** : le comptable de fait reste pour l'heure débiteur envers la collectivité, sur ses deniers personnels, des sommes non allouées ou jugées intrinsèquement irrégulières. Le débet peut être mis solidairement à la charge de toutes les personnes déclarées conjointement comptables de fait. Hormis l'impossibilité de solliciter une décharge ministérielle de responsabilité, les voies de recours (révision, rectification d'erreur matérielle ou appel, lequel n'était pas suspensif avant 2009 sauf si la Cour des comptes en décidait ainsi) ont toujours été les mêmes que celles ouvertes au comptable régulier.

En moyenne, cinq débets sont prononcés chaque année, pour l'ensemble des chambres, soit cinquante à cent fois moins qu'à l'encontre des comptables réguliers ; il n'y en eut toutefois ni en 2005, ni en 2006 ; mais 9 en 2008. Les jugements se partagent aujourd'hui à peu près pour moitié entre injonction de produire un compte ou débet (6 en 2011, 1 en 2012, 7 en 2013) et non-lieu (4 en 2011, 3 en 2012, 2 en 2013), le plus souvent pour « absence d'intérêt pratique », les opérations ayant été régularisées et les sommes restituées, parfois pour prescription.

■ *La répression du comptable*

a) L'inéligibilité des comptables de fait, sanction disparue

Le Code électoral prévoyait que les comptables de tout ordre, réguliers comme de fait, ne pouvaient être élus conseillers municipaux dans les communes situées dans le ressort où ils exerçaient ou avaient exercé depuis moins de six mois. Des dispositions comparables visaient les élections cantonales ou régionales.

Si le comptable de fait avait été élu avant la décision définitive des juridictions financières, le juge électoral prononçait sa démission d'office, compétence qui échoyait au représentant de l'État si la gestion de fait était avérée en cours de mandat ; dans les départements, ce pouvoir du préfet a longtemps été réservé au conseil général lui-même, jusqu'à ce que l'ordonnance du 8 décembre 2003 mette fin à cette anomalie.

C'est la ***loi du 21 décembre 2001*** qui a fait disparaître la règle de l'inéligibilité des comptables de fait – en la réservant aux comptables « agissant en qualité de fonctionnaire » – et l'a remplacée, pour les élus locaux concernés, par une simple suspension (jusqu'à ce qu'ils aient reçu quitus) de leur rôle d'ordonnateur.

b) Les amendes des comptables de fait, sanction maintenue

Comme pour les comptables réguliers, les juridictions financières peuvent sanctionner les comptables de fait par des ***amendes pour retard dans la production du compte***, la loi du 28 octobre 2008 ayant supprimé l'amende pour retard dans la réponse à leurs injonctions. Néanmoins, leur montant, même réévalué en 2009, reste faible.

En revanche, le comptable de fait risque au surplus une ***amende pour immixtion dans les fonctions de comptable public***. Cette sanction n'est toutefois possible qu'en l'absence de poursuites pénales au titre du délit d'usurpation de fonctions (mais lui seul). Le montant de l'amende pour gestion de fait (fonction des circonstances, du comportement et de la situation matérielle du comptable de fait, a précisé la loi du 28 octobre 2008) n'est plafonné que par la somme totale des fonds et valeurs irrégulièrement soustraits à la comptabilité publique. Le nombre de ces amendes avait chuté (31 en 1997, 2 en 2002) ; il est ensuite remonté (8 en 2003, 10 en 2004) pour décroître (2 en 2005, 3 en 2006) puis croître à nouveau (15 en 2007, 16 en 2008) : elles ont aujourd'hui pratiquement disparu (0 en 2009 et 2010, 2 en 2011, 1 en 2012, 3 en 2013).

Toutes ces amendes ont toujours un caractère personnel.

FOCUS : un cas typique de gestion de fait

Dans un jugement délibéré après audience publique le 5 juillet 2013 relatif à la commune de M..., la chambre régionale des comptes d'Auvergne-Rhône-Alpes tire les conséquences d'une gestion de fait avérée : Mme Y... avait obtenu 2 400 € de la vente de concessions et caveaux funéraires ! Il s'agissait d'une gestion de fait en recettes uniquement : ne faisant état d'aucune dépense mais reconnaissant être débitrice de cette somme, la comptable de fait avait ainsi mis la CRC en situation d'arrêter la ligne de compte, malgré le défaut de production d'un compte en bonne et due forme. Mme Y... ayant reversé l'intégralité de la somme en cause au receveur municipal au printemps 2013, la Chambre juge qu'il n'y a pas lieu de prononcer de débet à son encontre. En revanche, constatant que la prescription de l'action pénale avait empêché toute poursuite – c'est le procureur de la République qui avait en l'espèce saisi la juridiction financière pour gestion de fait présumée – mais jugeant que Mme Y... « ne pouvait ignorer qu'elle n'était pas habilitée à encaisser, sur son compte bancaire personnel, les sommes revenant à la commune » et que cette ingérence « n'est pas intervenue ponctuellement et isolément mais s'est prolongée de janvier 2004 à juillet 2005 », la CRC la condamne à une amende de 300 € pour immixtion dans les fonctions de comptable public.

L'examen de la gestion

CHAPITRE 16

La loi du 2 mars 1982 avait chargé les chambres régionales des comptes de s'assurer du « bon emploi des crédits, fonds et valeurs » des collectivités. Contesté par de nombreux élus, ce contrôle porte depuis la loi du 5 janvier 1988 sur leur « emploi régulier ». Devenu alors « examen » de la gestion, encore réformé notamment en 2001, il n'aboutit qu'à des « observations » insusceptibles de contrôle contentieux.

1 L'examen de la gestion est un contrôle administratif assuré par une juridiction

■ *La nature du contrôle de gestion*

a) L'objet de l'examen de la gestion

Si l'examen de la gestion locale échoit au juge des comptes et peut compléter le contrôle juridictionnel des comptes, il en est parfaitement indépendant. Le nombre des organismes susceptibles d'y être soumis et l'importance de la tâche excluent qu'il s'agisse d'un contrôle obligatoire et automatique. En effet, aux termes du Code des juridictions financières, la compétence des chambres régionales des comptes ne s'étend pas seulement aux communes, départements, régions et groupements. Elle couvre également tous leurs établissements publics et autres satellites – même non soumis à la comptabilité publique – car la loi vise tous ceux que les collectivités ou leurs établissements contrôlent ou aident financièrement au-delà de 1 500 €, comme leurs éventuelles filiales : sur quelque six à sept cents rapports d'observations définitives annuels (696 en 2010, 639 en 2011, 629 en 2012, 661 en 2013), la moitié concerne ainsi les collectivités territoriales, environ 40 % les établissements publics (locaux ou spécialisés) et le reste vise d'une part les SEM locales, d'autre part les associations et autres structures. En outre, on associe souvent à cette mission administrative des chambres le contrôle des conventions relatives à une délégation de service public (17 saisines en 2007, 7 en 2009, 5 en 2011, 3 en 2013...) et celui des délibérations de SEM locales pouvant entraîner un grave risque financier pour les collectivités actionnaires, contrôles qui sont néanmoins distincts du point de vue procédural.

b) La portée de l'examen de la gestion

Le contrôle de gestion n'est pas un simple examen de la régularité des flux financiers des collectivités locales ou de leurs satellites. Malgré leurs pouvoirs, les magistrats de la chambre régionale des comptes n'interviennent pas en tant qu'autorité juridictionnelle mais en tant qu'autorité administrative. Le but du contrôle est de vérifier la qualité ou la pertinence des décisions de gestion des élus locaux au regard des choix politiques des conseils, lesquels échappent en revanche aux juges qui n'ont pas à en mesurer l'opportunité. Au-delà du respect des lois et règlements en vigueur ou de la vérification des comptes (qui « accompagne », dit la loi, l'examen de la gestion), le contrôle porte ainsi sur ***l'économie*** des moyens mis en œuvre par la collectivité, sur leur ***efficience*** au regard des résultats obtenus et sur leur ***efficacité*** au regard des résultats prévus, c'est-à-dire par rapport aux objectifs recherchés.

■ *Le déclenchement du contrôle de gestion*

a) Des programmes pluriannuels d'examen de la gestion

Le contrôle de gestion n'implique normalement pas une intervention urgente de la juridiction financière, à l'inverse des différents cas d'ouverture du contrôle budgétaire. Aucun délai ne s'impose donc, puisqu'il ne s'agit pas non plus d'une procédure de nature juridictionnelle. Le contrôle est ainsi mené d'office, la chambre régionale des comptes restant libre d'en déterminer l'intérêt et le moment. Mais l'examen de la gestion et les autres missions de la chambre peuvent être concomitants. Au demeurant, ce sont souvent les vérifications opérées par ailleurs sur les comptes des comptables publics qui l'alerteront sur la nécessité d'examiner la gestion de la collectivité ou de tel ou tel organisme. Les textes prévoient que le président de la chambre régionale des comptes, après l'avoir consultée et sur avis du ministère public, définit l'organisation et le programme annuel des travaux. En pratique, les juridictions financières retiennent des programmes pluriannuels (quadriennaux, généralement) d'examen de la gestion.

Par ailleurs, les chambres contribuent de plus en plus à l'élaboration avec la Cour des comptes de rapports thématiques ponctuels.

b) De possibles demandes motivées d'examen de la gestion

La loi du 6 février 1992 a modifié les conditions d'intervention de la chambre régionale des comptes en permettant au représentant de l'État dans la région ou le département, ainsi qu'à l'autorité territoriale, de lui adresser une demande motivée d'examen de la gestion soit de la collectivité elle-même, soit de ses satellites. Néanmoins, si les chambres s'efforcent d'y donner suite ou d'intégrer ces demandes à leurs programmes, elles ne sont pas tenues de les satisfaire, *a fortiori* immédiatement. Du reste, le contrôle ainsi lancé ne diffère du droit commun ni dans ses modalités ni dans ses conséquences. Cette innovation a eu pour seul effet une augmentation ponctuelle, en 1996 (après les élections municipales), du nombre de rapports – appelés « lettres », avant la loi du 21 décembre 2001 – d'observations définitives d'environ 10 %.

2 L'examen de la gestion est un contrôle dont la publicité est la seule sanction

■ *Le déroulement du contrôle de gestion*

a) Les pouvoirs d'investigation de la chambre

La loi du 2 mars 1982 a reconnu aux juridictions financières locales les mêmes pouvoirs que ceux de la Cour des comptes. Les magistrats des chambres régionales des comptes peuvent procéder sur place à toutes vérifications utiles, non limitées aux seules pièces comptables. La chambre est en effet légalement habilitée à se faire communiquer tous documents et renseignements relatifs à la gestion de la collectivité ou de l'organisme contrôlé, quelle que soit leur nature, les vérifications s'étendant au proche passé. Le président de la chambre régionale des comptes a la faculté de désigner des experts extérieurs, naturellement tenus au secret professionnel, chargés d'assister le magistrat instructeur. Le Code des juridictions financières dispose également que les agents des personnes morales contrôlées doivent répondre aux convocations de la juridiction. Depuis la loi du 29 janvier 1993, faire obstacle aux contrôles de la chambre régionale des comptes, notamment à l'examen de la gestion, est un délit passible de 15 000 € d'amende.

b) Le devoir d'audition de la chambre

Si la pratique a d'emblée suivi la méthode traditionnelle de la double décision, où les observations définitives supposent des observations provisoires, les textes initiaux ne détaillaient pas les modalités de mise en œuvre du principe du contradictoire. C'est la loi du 5 janvier 1988 qui a exigé un ***entretien préalable***, avant toute observation, avec l'ordonnateur de la collectivité visée. Le Code des juridictions financières précise aujourd'hui qu'il a lieu, pour ce qui le concerne, avec chacun des anciens ordonnateurs – lesquels ont aussi la possibilité de se faire assister ou représenter, aux frais de la collectivité a précisé le législateur en 2007 (dans la limite de 3 000 €, selon le décret du 21 décembre 2011) – mais que l'audition (par le rapporteur ou le président de la chambre) des dirigeants des organismes satellitaires reste facultative.

En outre, la loi de 1988 a prévu que les observations définitives ne pourraient être formulées sans ***réponse écrite*** au rapport provisoire (« et confidentiel », souligne la loi du 19 février 2007) : la lettre en faisant part doit mentionner le délai de réponse, d'au moins deux mois, et la possibilité d'une audition (éventuellement nouvelle). Depuis 1994, la loi consacre le droit de toute personne autre que les dirigeants concernés, dès lors qu'elle a été « nominativement ou explicitement mise en cause », à être entendue avant que des observations définitives – ou une lettre de clôture de la procédure – ne soient formulées. Enfin, depuis 2001, toute réponse adressée à temps doit être jointe au rapport.

■ *L'issue du contrôle de gestion*

a) La publicité des observations définitives

Si le Code des juridictions financières impose à la chambre de garantir le secret de ses investigations, la loi du 5 janvier 1988 avait même prévu la « confidentialité des observations » adressées aux représentants des collectivités et organismes contrôlés, laissant l'exécutif décider seul de leur devenir. Mais la loi du 15 janvier 1990 obligea au contraire ce dernier à communiquer les observations définitives sur la gestion de la collectivité (ou de ses satellites) à l'assemblée délibérante dès sa plus prochaine réunion. Et elle supprima en même temps l'inapplicabilité, posée en 1988, de la loi du 17 juillet 1978 relative à l'accès aux documents administratifs : les observations définitives (mais elles seules) sont communicables aux tiers – sauf dans les trois mois précédant l'élection – dès que l'assemblée en a elle-même été informée ; à cet égard, les exécutifs locaux doivent, depuis la loi du 29 janvier 1993, inscrire les observations définitives à l'ordre du jour et les joindre à la convocation des membres du conseil. D'autre part, la Cour des comptes reçoit les observations susceptibles de figurer dans son rapport public annuel.

b) L'incontestabilité des observations définitives

C'est seulement en février 1999 que le Conseil d'État a expressément jugé que les observations – même définitives – formulées par la chambre régionale des comptes sur la gestion d'une collectivité (ou d'un organisme qu'elle contrôle ou qui en reçoit un concours financier) ne présentent pas le caractère d'une décision susceptible de faire l'objet d'un recours devant le tribunal administratif. Cette solution est logique dès lors que les observations des chambres, qui ne relèvent pas de leur mission juridictionnelle de contrôle des comptes, ne contiennent aucune prescription à l'égard des collectivités ou du préfet, contrairement au contrôle budgétaire ; et si les chambres doivent informer le procureur général près la Cour des comptes ou le procureur de la République de la découverte d'éventuelles infractions budgétaires ou pénales (une trentaine de cas annuels : 34 en 2013), seules ces dernières autorités décideront des poursuites, qui sont de toute façon détachables de l'examen de la gestion lui-même. Néanmoins, cette incontestabilité est vivement critiquée par les élus. Aussi la loi du 21 décembre 2001 a-t-elle formellement consacré le droit des personnes mises en cause de demander à la chambre une rectification du rapport définitif. Mais le Conseil d'État a estimé en juillet 2004 que le tribunal administratif, saisi de la décision de la chambre à l'endroit de cette demande, ne saurait à cette occasion juger du bien-fondé de son appréciation de la gestion.

FOCUS : 2013, premier rapport de la Cour des comptes sur les finances locales

Alors que traditionnellement le rapport public annuel de la Cour des comptes contient des éléments ponctuels relatifs au droit des finances locales – le bilan de l'activité des chambres régionales et territoriales des comptes, la mise en exergue de politiques publiques ou des enseignements de tel ou tel contrôle de gestion – l'institution de la rue Cambon a, pour la première fois, fait paraître le 14 octobre 2013 un rapport thématique « sur les finances publiques locales », appelé à devenir également annuel. Une première partie comprend une analyse transversale de l'évolution des ressources et des charges locales et porte sur la qualité et la fiabilité de l'information financière sur la situation des collectivités. La seconde partie s'attache à des questions d'actualité particulièrement sensibles : la mise en œuvre de la réforme de la fiscalité professionnelle lancée en 2010, l'évolution des dépenses de personnel, le problème du financement des collectivités par le marché bancaire. La Cour, et les chambres qui lui sont ainsi associées, ont en conclusion formulé toute une série de recommandations, à destination des élus locaux mais aussi des autorités de l'État, qu'il s'agisse de dispositions réglementaires ou de décisions politiques (améliorer la mutualisation des services, renforcer la péréquation, enrichir le débat d'orientation budgétaire, etc.).

Achevé d'imprimer par France Quercy, 46090 Mercuès
N° d'impression : 40910 - Dépôt légal : août 2014

Imprimé en France